Liebe Leserin, lieber Leser,

mit diesem Buch haben Sie einen guten Griff getan! Denn egal, was Sie vorhaben – ob Sie modernisieren oder verschönern, ob Sie reparieren oder ein eigenes Möbelstück bauen möchten –, jetzt kann nichts mehr schiefgehen. Die Fachautoren von Europas auflagenstärkstem Do-it-yourself-Magazin „SelberMachen" präsentieren Ihnen Heimwerken auf dem neuesten Stand. Schritt für Schritt werden sämtliche Handgriffe und kleinen Tricks erklärt. Alles, was wir Ihnen hier zeigen, ist vielfach und ausführlich in den Werkstätten von „SelberMachen" getestet und erprobt worden. Wir wünschen Ihnen viel Freude und Erfolg bei all Ihren Selbermacher-Plänen!

Ulrich Weiß

Badeinbau und Sanitärarbeiten

rororo selber machen

rororo selbermachen
Herausgegeben von Wolf Dietrich Laatzen

Die Reihe rororo selbermachen wird produziert von der Redaktion der Zeitschrift SelberMachen, Jahreszeiten Verlag, Hamburg

Autor und Verlag bedanken sich bei allen, die technische Informationen, Fotos und fachlichen Rat beigesteuert haben, für die freundliche Unterstützung bei der Entstehung dieses Buchs.

Originalausgabe
Veröffentlicht im Rowohlt Taschenbuch Verlag GmbH, Reinbek bei Hamburg, Januar 1997

Layout Simone Sander
Umschlaggestaltung Walter Hellmann
(Foto: Marco Moog)
Lithographie Grafische Werkstatt Christian Kreher, Hoisdorf
Satz PostScript Sabon und Frutiger auf Apple Macintosh, QuarkXPress 3.31
Gesamtherstellung Clausen & Bosse, Leck
Printed in Germany
1990-ISBN 3 499 60303 9

Inhalt

Einfach traumhaft: kluge

Helle Fliesen auf Wand und Boden weiten optisch das Bad, die türkisfarbenen setzen frische Akzente.

Lösungen für schöne Bäder

Die Details machen den Unterschied: Geschickte Möblierung und schöne Farbkompositionen lassen auf kleiner Fläche große Bäder entstehen.

Da ist ganz sicher auch etwas für Sie dabei. Auf diesen und den beiden folgenden Seiten zeigen wir Ihnen drei Bäder, die eines gemeinsam haben: geschickte Plazierung der Badmöbel und damit optimale Nutzung des Raums sowie frische Farbkompositionen – oder ganz klassisch schwarz und weiß. Mit vergleichsweise wenig Aufwand sind hier drei individuelle Badezimmer entstanden. Bei solchen Ergebnissen ist der Streß der Umbauphase ganz schnell vergessen. Denn natürlich müssen für solche Modernisierungen einige Unannehmlichkeiten in Kauf genommen werden. Bis zu dem Tag, an dem Sie das neue Bad einweihen können. Duschen oder Baden? Bei unserem ersten Beispiel können Sie wählen: morgens das schnelle Duschbad und abends das entspannende Vollbad. Die dafür eingesetzten Sanitärmöbel sind echte Problemlöser, ihre ausgeklügelte Form prädestiniert sie für Räume, in denen es eng zugeht. Eine Badewanne mit schmalem Fußende und eine Duschwanne, deren eine Ecke „entschärft" ist und so Platz für einen komfortablen Eckeinstieg mit einer Schwingtür schafft. Keine Komforteinbußen, aber ein wirtschaftlicher Umgang mit dem knappen Raum – mit modernen Sanitärmöbeln nutzen Sie bei geschickter Planung jeden Quadratzentimeter. Dabei darf natürlich nicht verschwiegen werden, daß bei einer Ausstattung mit Objekten, die über den Standard hinausgehen, ein tieferer Griff in den Geldbeutel fällig wird. Für die gezeigte Badewanne müssen etwa 1200 DM, für die Duschwanne ohne Abtrennung etwa 600 DM veranschlagt werden. Qualität hat, eine Binsenweisheit, ihren Preis, und was Ihnen Ihr Bad wert ist, müssen Sie entscheiden. Sparen können Sie durch Eigenleistung, und darüber, oder besser: über das Selbermachen, erfahren Sie in dem vorliegenden Buch eine ganze Menge.

Trickkiste: Die schrägen und abgewinkelten Kanten an Bade- und Duschwanne sorgen für erstaunlichen Raumgewinn. Große Bewegungsfreiheit vor Waschtisch und Wanne, viel Raum für den Duscheinstieg.

Gestaltungselement und Organisationstalent: die Säule mit Innenleben

1

2

3

4

Klassisch schwarz und weiß

Der „Star" dieses Badezimmers ist eine viereckige Säule, die den Raum gliedert und in zwei Funktionsbereiche unterteilt: ein Bade- und Duschbereich hinter und ein einladender Waschplatz vor der Säule, die es in sich hat. Im unteren Teil sind Warm- und Kaltwasserzulauf und der Abwasseranschluß für den Waschtisch untergebracht, der obere Teil birgt einen Auszug auf Teleskopschienen (1). Hier ist reichlich Platz für das Badesalz, die Zahncreme und den Fön. Ein besonderer Kniff ist der Anschluß der Säule an die benachbarte Seitenwand: Glasbausteine (3) schließen die Lücke, bilden einen Spritzschutz und lassen im Bereich hinter der Säule das Tageslicht eindringen (4). Die sachlich-nüchterne Innenraumgestaltung wird durch Boden und Sockel im Schachbrettmuster wohltuend aufgelockert. Ein Raum, der alle Anforderungen an ein modernes Bad erfüllt – und das auf gerade mal fünf Quadratmetern.

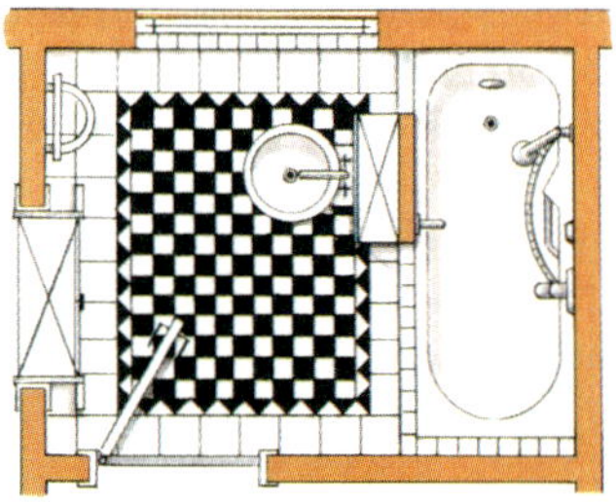

Glas, verchromtes Metall und lackiertes Board – so entsteht ein Raumteiler.

Schmaler Raum, einfach großartig

„Ja, alles ganz schön, aber in unserem Schlauchbad kann man nicht viel machen." Von wegen, schauen Sie sich doch einmal das tolle Bad auf dieser Seite an: Waschtisch, WC und eine großzügige Badewanne, die zum Entspannen einlädt – und immer noch genügend Raum, um sich ungehindert zu bewegen. Ein kleiner Trick, der in diesem Bad Langeweile erst gar nicht aufkommen läßt: Der Waschtisch ist rechtwinklig zur Wand an einem Sockel (1) installiert, der Blick ist auf das Fenster gerichtet. Betont wird die Teilung durch ein Ablagebord unter der Decke, das von verchromten Stangen gestützt wird. Raffiniert: zwischen den Stangen eine Glasplatte, darauf wird der Spiegel geklebt. Erstaunlich, wie mit einfachen Mitteln aus einem Schlauchbad ein großes Bad wird. Ein bißchen Luxus: eine körpergerecht geformte Kopfstütze an der Wanne (2), natürlich abnehmbar.

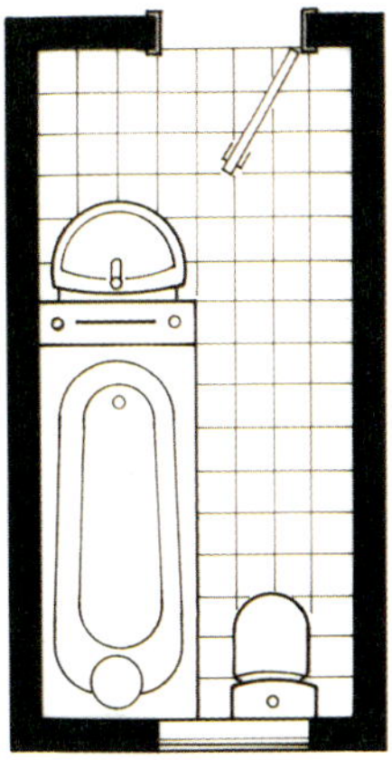

Immer den Plan haben.

der Weg zum neuen Bad

Einige Hürden sind auf dem Weg zum Traumbad zu überwinden, mit sorgfältiger Planung kann auch aus Ihrem Raum ein großzügig gestaltetes Bad werden.

So groß können acht Quadratmeter Badezimmer sein: Geschickte Positionierung der sanitären Objekte macht es möglich.

Haben Sie mal einen Blick in die Ausstellungsräume eines Sanitärgroßhändlers geworfen? Es lohnt sich: Dort gibt es nicht nur schöne Ausstattungsgegenstände von der Waschtisch- oder Wannenarmatur bis zu ausgesuchter Sanitärkeramik zu bestaunen, sondern auch komplette Lösungen für ganze Badezimmer – mit allen Details, die den Aufenthalt im Badezimmer angenehmer und schöner machen. Nur, leider sieht es in der Wirklichkeit häufig anders aus: Die meisten Bäder müssen sich mit weniger als acht Quadratmeter Grundfläche bescheiden, häufig sind es nicht einmal fünf.

Dennoch, auch kleine Bäder lassen sich mit geschickter Planung in schöne Zufluchtsorte verwandeln. Wenn Sie von Grund auf neu planen, haben Sie alle Möglichkeiten, den Grundriß zu organisieren, die sanitären Objekte auszuwählen und die Stimmung des Raums durch Ausstattungsgegenstände und Farbe zu bestimmen. Das gleiche Kunststück mit einer vorhandenen Einrichtung zu vollbringen ist wesentlich schwieriger.

Unerläßlich für den Entwurf des neuen Badezimmers ist die Anfertigung einer maßstabgetreuen Skizze. Trauen Sie sich eine zeichnerische Lösung nicht zu, können Broschüren für Sanitärinstallationen eine große Hilfe sein. Darin finden sich häufig Millimeterpapier und ausgestanzte Pappteile in der Gestalt von WC-Becken, Dusche und Badewanne.

Für die **Planung** des neuen Badezimmers:

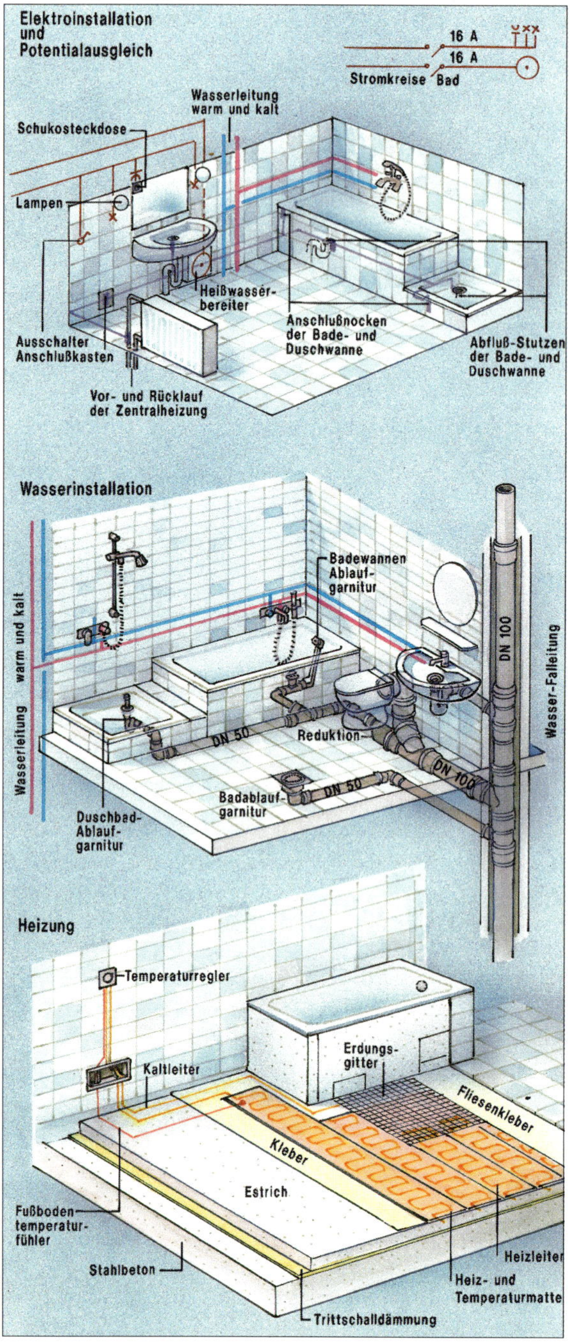

Kann bei einem Neubau weitgehend frei von Auflagen der Sanitärraum geplant werden, heißt es bei der Modernisierung auf einen vorgegebenen Grundriß und auf feste Einbauten wie Abwasseranschlüsse, Türen und Fenster Rücksicht zu nehmen. Eine enorme Erweiterung der gestalterischen Möglichkeiten – gleichermaßen in Alt- und Neubau – bieten die Elemente der Vorwandtechnik. Hier können weitgehend unbeeinflußt von der Lage der vorhandenen Wasser- und Abwasserleitungen die sanitären Objekte nach Belieben angeordnet werden. Das Beispiel auf der vorhergehenden Seite zeigt einen Sanitärraum, der durch die zentrale Anordnung einer Installationswand sehr großzügig erscheint – auf nur acht Quadratmeter Grundfläche. Das eingebaute Podest hat neben der sichtbaren Funktion, der Gliederung des Raums, technische Aufgaben zu erfüllen: Im Hohlraum zwischen Boden und Podest verbergen sich die Zu- und Ablaufleitungen für die Sanitärobjekte an der Installationswand. Weiteres praktisches Detail: Durch den erhöhten Bodenbereich rund um die Badewanne wird der Einstieg spürbar erleichtert, ein Komfortgewinn, den man schnell nicht mehr missen möchte.

_age- und Verlegeplan gehören natürlich dazu.

Die **Elektroinstallation** im Bad unterliegt strengen Vorschriften, Elektroleitungen dürfen (wie in anderen Bereichen des Wohnbereichs auch) nur senkrecht oder waagerecht geführt werden, seitlich von der Wanne mindestens 60 cm und oberhalb mindestens 100 cm entfernt. Ein **Potentialausgleich** bietet Schutz für den Fall, daß Berührung mit metallischen Leitungen und Wasser möglich ist. In Baderäumen stellt er eine Verbindung zwischen dem Bade- bzw. Duschwannenablauf, der Warm- und Kaltwasserleitung und Vor- und Rücklauf der Zentralheizung her. Die **Warmwasserversorgung** wird unterschieden nach zentraler Versorgung (das Wasser wird an einer Stelle erwärmt und zu den Entnahmestellen geleitet), Gruppenversorgung (mehrere Warmwasserbereiter an verschiedenen Orten) und Einzelversorgung (an jeder Entnahmestelle ein Warmwasserbereiter). Bis zu einer Aufheizung von 90 Grad C spricht man von Warmwasser, bei 90 bis 100 Grad C von Kochendwasser. Ein **elektrisches Heizsystem** ist bei Renovierungen eine praktische Alternative zur Fußbodenheizung. Unter den Fliesen werden Heizmatten aus dünnem Gewebe verklebt. Mehr über dieses interessante System erfahren Sie ab der Seite 74.

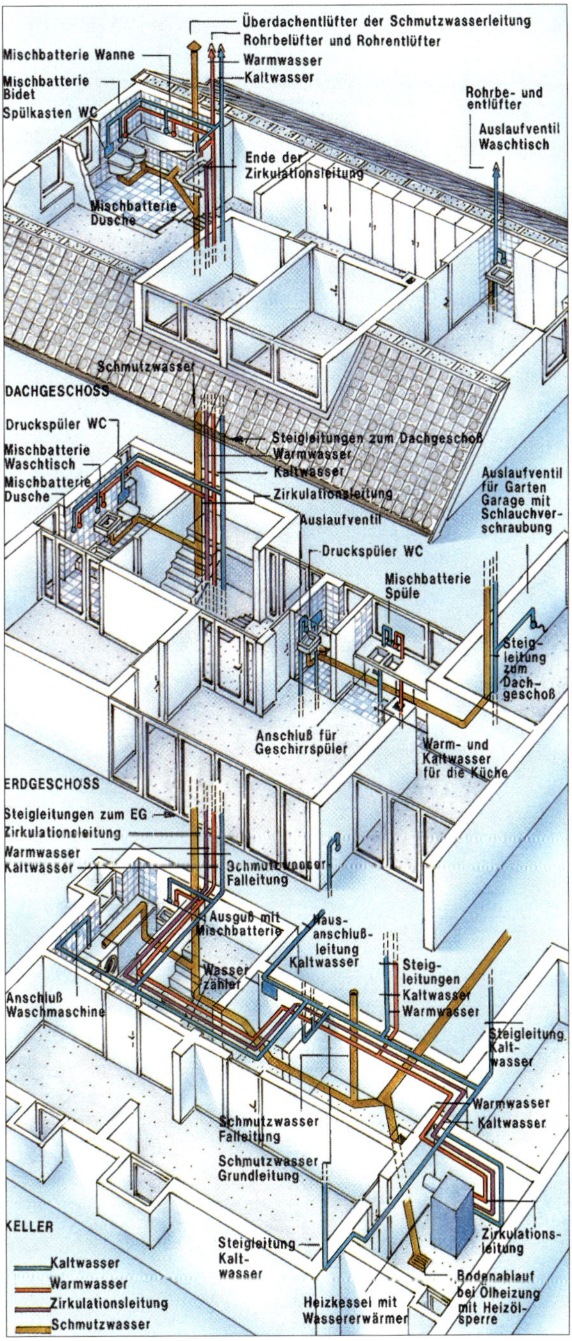

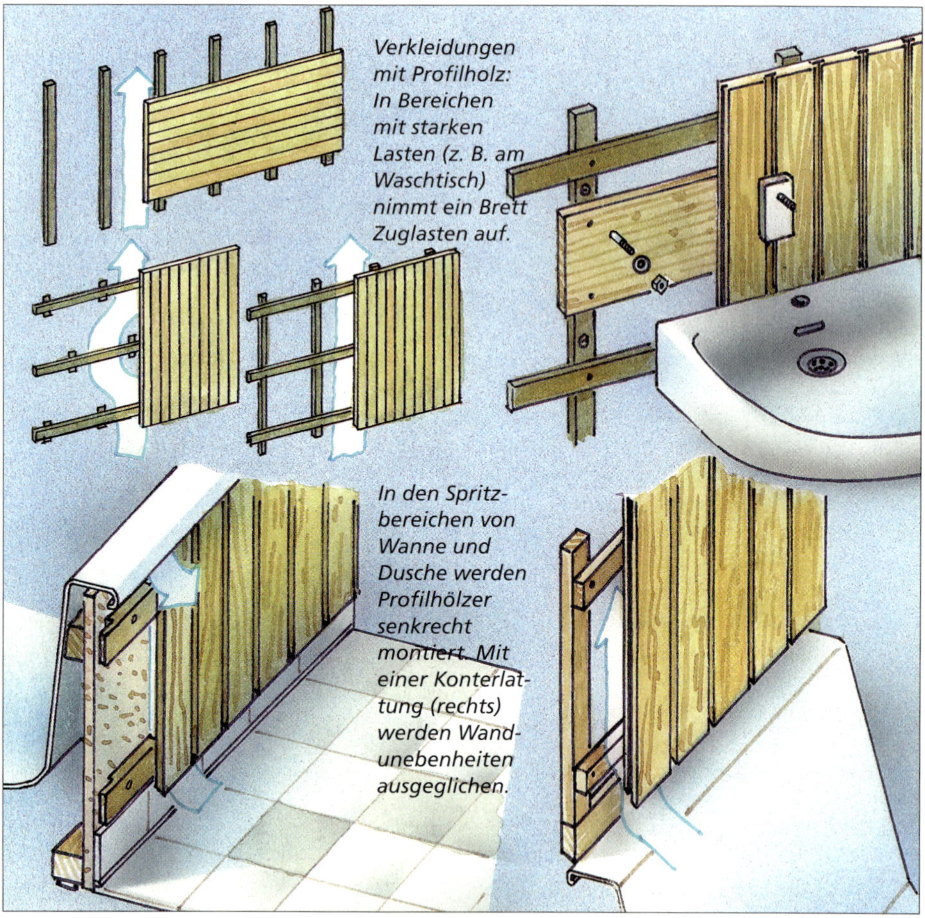

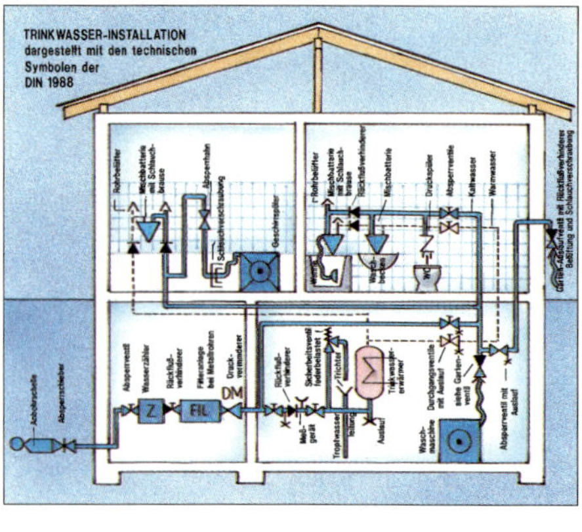

Alternative zum Fliesenlook

Holz als Wandbekleidung im Bad, geht denn das? Bei richtiger Verarbeitung ist Holz pflegeleicht und hat eine fast unbegrenzte Lebensdauer. Vor Feuchtigkeit schützen Lacke, Lasuren und Wachse. Wichtig für Wandverkleidungen sind Unterkonstruktionen, die für Hinterlüftung sorgen. Selbst im Spritzwasserbereich kann Holz angebracht werden: Profilbretter senkrecht montieren und unten abschrägen, so kann Wasser ablaufen.

Die Badrenovierung mit

Aus einem betagten Bad ist mit den Vorwandelementen ein völlig verwandelter Raum mit zeitgemäßer Ausstattung geworden.

einer Vorwandinstallation

Moderner Komfort für das alte Bad, ohne viel Schmutz und Lärm: Mit einem modularen System kommen Sie Ihrem Traumbad ein ganzes Stück näher.

Längst fällig ist die Modernisierung des Badezimmers, die Bilder in Wohnzeitschriften und Bildbänden sind verlockend: Dem lange in der Einrichtungsplanung vernachlässigten Badezimmer wird heute besondere Aufmerksamkeit zuteil. So bieten Hersteller sanitärer Einrichtungen längst nicht mehr nur Standardware an, unter einer Vielzahl attraktiver Objekte – vom wandhängenden WC bis zum Waschtisch mit Stauraum – und schöner wie nützlicher Accessoires kann ganz nach persönlichem Geschmack das Wunschbad zusammengestellt werden.

Bei der Planung der Renovierungsarbeiten werden häufig die vorhandenen Anschlüsse einbezogen. Der neue Waschtisch nimmt den Platz des alten ein, auch Dusch- oder Badewanne und WC werden nur ausgetauscht. Doch ändern sich die Anforderungen an den Sanitärraum, werden tiefgreifende Änderungen der Raumaufteilung nötig und damit einhergehend auch Veränderungen an den Zu- und Ablaufleitungen. Das Herstellen von Mauerschlitzen ist zeitaufwendig und, gerade in bewohnten Gebäuden, mit unerwünschter Staubbildung verbunden.

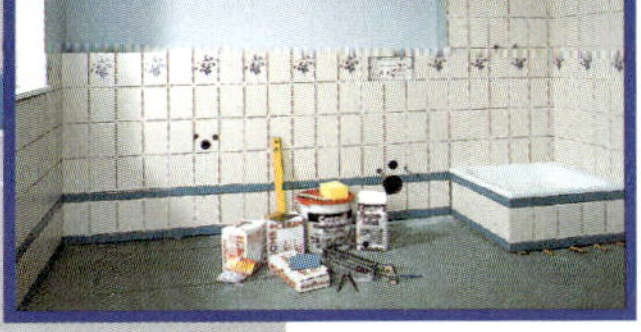

Die **Anschlüsse** für die Sanitärelemente

Das Bad wird komplett ausgeräumt. Auf den alten Fliesen werden schnell und sauber die Vorwandelemente installiert.

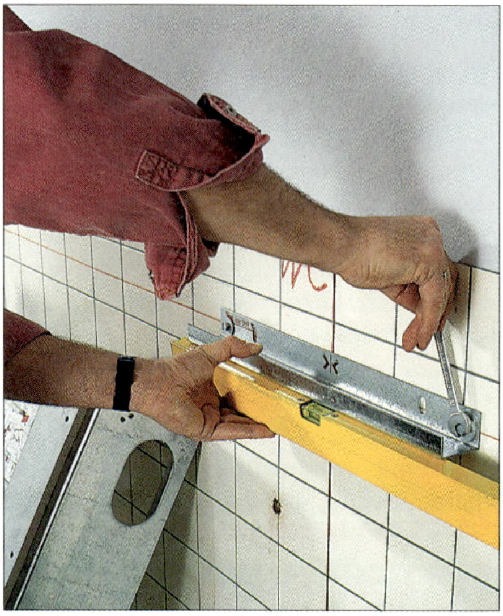

Die Elemente *werden jeweils oben aufgehängt und unten abgestützt. Die Halteleiste wird waagerecht ausgerichtet und mit dem Mauerwerk verschraubt.*

Ein deckenhohes Schachtelement *aus Profilstreben: Hier finden das Fallrohr der Abwasserleitung und die Armaturenplatte für die Duscharmatur Platz.*

Vorgefertigte Sanitärtechnik

Bei dieser konventionellen Vorgehensweise ist das Ergebnis vorhersehbar: Waschtisch, WC, Bidet, Dusche und Wanne werden längs der Wand aufgereiht, entsprechend nüchtern präsentiert sich das neue Badezimmer. Die sauberste, schnellste und variabelste Lösung für den Badeinbau in Alt- und Neubau ist die Technik der Sanitärprofis, die Vorwandinstallation. Das Prinzip ist so einfach wie genial: Die gesamte Technik liegt vor statt in der Wand, Wasser- und Abwasserrohre werden offen vor der Wand installiert und verschwinden nach Fertigstellung der Rohinstallation hinter einer Beplankung aus Leichtbauelementen. Diese Technik führt zu spürbarer Verbesserung der Funktionen, bietet mehr Möglichkeiten, ungünstig geschnittene Badgrundrisse auszugleichen, und selbst auf kleiner Grundfläche werden großzügig gestaltete Bäder möglich. Kräftezehrendes und zeitintensives Schlagen bzw. Frasen von Schlitzen im Mauerwerk, in den meisten Fällen sowieso nicht zulässig, entfällt. Die sanitären Objekte werden nicht unmittelbar an der Wand befestigt, sie hängen an speziellen Elementen, die die anfallenden Lasten sicher tragen. WC, Bidet und Waschtisch sind einfach und sicher an Tragständern und Traversen montierbar. Der Tragständer, eine verstärkte Konstruktion aus Stahl, ermöglicht die Befestigung von wandhängenden WCs mit Einbauspülkästen, mit Einbaudruckspüler, mit Aufbauspülkästen sowie wandhängender Bidets. Von Vorteil bei der Montage ist die stufenlose Höhenverstellbarkeit der Befestigungstraverse.

Zwischen zwei Querstreben wird die Armaturenplatte eingesetzt, Gummiunterlagen mindern die Übertragung von Fließgeräuschen.

Der Anschlußbogen für das wandhängende WC (NW 100 mm) wird mit HT-Formstücken an das Fallrohr angeschlossen.

Mit den Justierbaren Fußpunkten wird das Vorwandelement ausgerichtet. Die Lasche wird dann mit dem Boden verschraubt.

Sind die Vorwandelemente montiert, werden sie

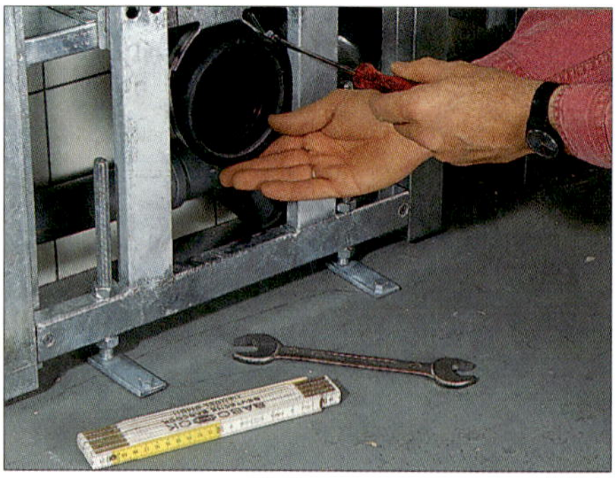

Der Anschlußbogen für das WC wird im ausgerichteten und fixierten Modul festgesetzt, der Spülbogen ist bereits vormontiert.

Nach Abschluß der Installation von Zu- und Abwasserleitung kann das Modul mit Gipskartonplatten geschlossen werden.

Die Abwasserleitung (Nennweite DN 50) des Waschtischmoduls wird zusammengefügt und zum Abzweig am WC-Modul geführt.

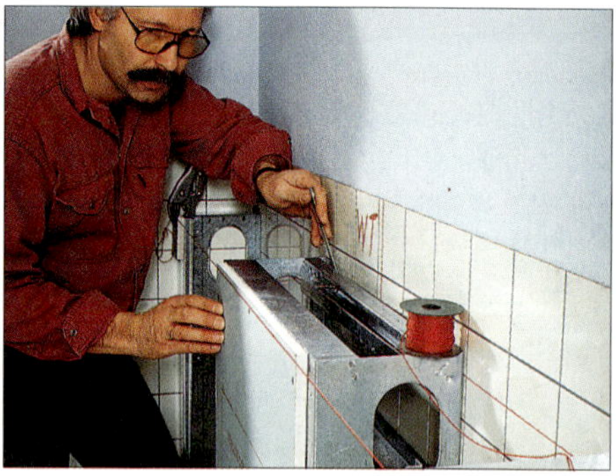

Exakt in einer Flucht müssen die Elemente am oberen Rand liegen, kontrolliert wird mit Schnur und Wasserwaage.

Mit PE-Rohren, die zusätzlich mit gewelltem Schutzrohr überzogen sind, werden Kalt- und Warmwasser an die Entnahmestellen geführt.

Sind breitere Zwischenräume in der Vorwandkonstruktion zu überbrücken, werden Zwischenträger eingesetzt.

mit den Gipskartonplatten beplankt.

Unterschieden wird in der Technik der Vorwandinstallation zwischen Einzelmontage und Reihenmontage. Die Entscheidung, welcher Aufbau gewählt wird, hängt von den räumlichen Gegebenheiten im Bad ab. Bei einer Einzelmontage werden eigenständige Module vor der Wand plaziert und eingemauert. Bei der Anordnung mehrerer Elemente werden die entstehenden Zwischenräume ausgemauert bzw. beplankt, so entsteht eine einheitliche Front. Schwierig zu realisieren sind frei stehende und auch raumhohe Anlagen vor der Wand, hier sind zusätzlich spezielle Einbauten, besondere Ergänzungsrahmen oder Ständerwandkonstruktionen, nötig. Erst dieser Verbund trägt die an WC und Waschtisch anfallenden Lasten.
Wo wird die Einzelmontage angewandt? Einzelne Module bieten sich bei kleinen Sanierungen oder Ergänzungen an. Beim Austausch eines bodenstehenden WCs gegen ein wandhängendes WC wird durch Aufstellung der Halbschale des Vorwandmoduls der nötige Platz für die Verlegung der Abwasserleitung geschaffen. Eine interessante Möglichkeit für Bewohner von gemieteten Räumlichkeiten, ein modernes, komfortables WC zu installieren. Da die Änderungen an den Zu- und Abwasserleitungen vor der Wand vorgenommen werden, entfallen tiefgreifende Änderungen am Abwassersystem. In vielen bestehenden Anlagen wird erst durch Vorwandtechnik ein Austausch möglich. Auch bei einzelnen, weit auseinanderliegenden Sanitärobjekten im Raum werden Einzelmodule installiert. Letzte Möglichkeit: wenn unterschiedlich hohe Elemente gewünscht oder, beispielsweise unter einem Fenster, nötig sind.

Das Beplanken der Vorwandmodule ist mit den mitgelieferten Deckplatten problemlos, die Ausschnitte sind bereits vorhanden.

Für maßgerechten Zuschnitt der Deckplatten im Zwischenraum werden die Kartonseiten geritzt und über einer Kante gebrochen.

Die formatierten Platten werden mit selbst schneidenden Schrauben (Akku-Schrauber benutzen) zwischen den Modulen befestigt.

In einer Woche wird mit den Vorwandelementen

Schmale Streifen *der Gipskartonplatte decken die Vorwandmodule ab. Die Schrauben werden immer nur flächenbündig eingedreht.*

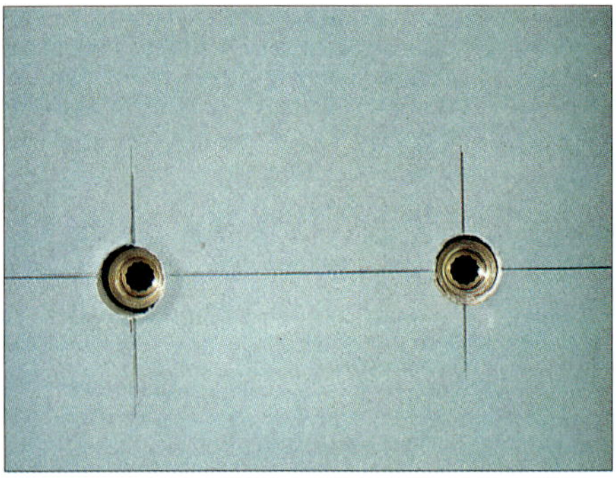

Die Anschlüsse für Armaturen *werden an den Übergängen zur Platte mit Silikon abgedichtet und dann mit Baustopfen versehen.*

Die Duschwanne *wird in einen Wannenträger aus Hartschaum gesetzt. Der Abfluß wird innerhalb des Trägers vormontiert.*

Alle tragenden Elemente auf einer Höhe, daran erkennt man eine Reihenmontage. Die einhängbaren Module können nach der Montage der fest verankerten Boden- und Wandschienen individuell plaziert werden. Leichte Unebenheiten in der Wand werden mit diesem System problemlos ausgeglichen, die genaue Flucht der Einzelelemente stellt sich mit Hilfe der durchlaufenden Schienen von selbst ein. Ein weiterer Vorteil, dem allerdings eher in der gewerblichen Anwendung eine größere Bedeutung zukommt, ist die rationelle Montage: Das Schienensystem spart Zeit, die Installation gerät wesentlich schneller. Einige Hersteller richten ihre Vorwandelemente so aus, daß eine zusätzliche Beplankung mit Gipskartonplatten entfällt. Die Technik der einzelnen Module steckt in einem Korpus aus Metall, dessen Oberfläche geschlitzt ist, oder Polyesterbeton. Hier können direkt auf die Module Fliesen geklebt werden.

Durchaus gängig ist die gezeigte Beplankung mit Gipskartonplatten. Einfache Systeme werden häufig ohne Platten geliefert, die handelsüblichen imprägnierten Platten müssen beschafft, am Montageort eingepaßt und mit den benötigten Durchstoßpunkten für Anschlüsse und Halterungen ausgestattet werden. Wesentlich erleichtert wird die Arbeit durch Beplankungsplatten, die vom Hersteller der Module entsprechend vorgerichtet sind. Alle benötigten Ausschnitte und Bohrungen befinden sich bereits in den Platten, die nach erfolgter Installation aufgeschraubt werden. Hier müssen dann lediglich die Platten für eventuell entstehende Zwischenräume der Vorwandelemente vor Ort eingepaßt werden.

Warten auf die Fliesen: Nach Installation der Vorwandelemente geht es weiter – mit Kleber und Zahnspachtel.

Rat und Tat vom Fachmann – und Selbermachen, wo es Sinn macht

Schöne Aussichten: Aus einem betagten Bad wird mit der flexiblen Technik der Vorwandelemente ein völlig veränderter Raum, der modernen Anforderungen an Komfort und Raumgestaltung gerecht wird. Bei Planung und Ausführung müssen Fachkräfte hinzugezogen werden, die die umfangreichen Möglichkeiten der Vorwandtechnik kennen und mit ihrer langjährigen Erfahrung helfen, unnötige Kosten und Ärger zu vermeiden. Anschlüsse an Wasser und Abwasser überläßt man dem Fachmann, der neben speziellen Kenntnissen auch das erforderliche Werkzeug zur Verfügung hat. Einen großen Teil der Renovierungskosten können Sie durch Eigenleistung sparen: Bei der Beplankung der Vorwandelemente, bei den Fliesenarbeiten und bei ergänzenden Einbauten wie z. B. Schränken und Ablagen ist dann Ihr handwerkliches Geschick gefragt.

So kann es aussehen: mattweiße Wandfliesen, durch blumiges Dekor und Linien aus blauen Leisten aufgelockert.

***Mit lösungsmittelfreiem Tiefgrund** werden die feuchtfesten Gipskartonplatten grundiert. Mit Lammfellrolle satt auftragen und über Nacht trocknen lassen.*

Welche Fliesen sind die richtigen?

Zum rundherum erneuerten Badezimmer gehören natürlich auch neue Fliesen, die Sie durchaus selbst verlegen können. Fliesenlegen ist nicht kinderleicht, aber hier können Sie kreativ werden, Kosten sparen und nach gelungener Arbeit stolz auf das Ergebnis sein. Im folgenden Tips zur Auswahl der Fliese und Hinweise zur Verarbeitung.

Vor Beginn der Arbeiten sollten Sie ein bißchen Zeit für eine genaue Planung investieren, das bewahrt vor unangenehmen Überraschungen. Fertigen Sie Grundrisse der zu fliesenden Bereiche an, so können genau die zu fliesenden Flächen, die Anzahl der Fliesen – etwa 20 Prozent sollten als Verschnitt zugerechnet werden – und die benötigte Menge Kleber für den Einkauf ermittelt werden.

Fliesen und Platten werden in Natursteine und Keramik unterteilt. Natursteine, z. B. Marmor und Granit, sind häufig durch mechanische Bearbeitung – Schleifen, Polieren, Versiegeln – für ihre Einsatzgebiete eingerichtet. Sie können in allen Bereichen eingesetzt werden.
Keramische Fliesen und Platten sind in unterschiedlichsten Formaten, Dekoren und Farben erhältlich. Nach dem Herstellungsverfahren werden sie in Spaltplatten, Steinzeug- und Steingutfliesen unterteilt. Spaltplatten und Steinzeugfliesen entsprechen höchsten Anforderungen an Festigkeit, Frostsicherheit, Säurebeständigkeit und mechanischer Belastbarkeit.
Steingutfliesen werden besonders für Wandbeläge und für Böden mit leichter Beanspruchung gewählt, die Glasur macht sie unempfindlich gegen die im Haushalt üblichen Reinigungsmittel, beständig gegen ultraviolette Strahlung und schmutzabweisend. Steingutfliesen sind auch für den Laien einfach zu erkennen: Zieht Spucke auf der unglasierten Rückseite ein, handelt es sich um eine Steingutfliese.
Die Unterteilung in die vier sogenannten Belastungs- bzw. Abriebgruppen klärt, wo die Fliese ihren Einsatz finden kann.
Gruppe 1 steht für geringe Beanspruchung, als Wandfliese oder in Barfuß- und Hausschuhbereichen; Gruppe 2 für leichte Beanspruchung im gesamten Haushaltsbereich, als Wandfliese oder für nicht häufig begangene Räume wie Bäder; Gruppe 3 für mittlere Beanspruchung im gesamten Wohnbereich – Flure, Dielen und Küchen –, und Gruppe 4 hält den größten Belastungen stand, Fliesen dieser Kategorie werden z. B. auf Treppen, Balkonen und Terrassen eingesetzt.

***Mit Zweikomponentenkleber** können die Fliesen in einem Arbeitsgang aufgebracht werden, das Fliesenschild wird wasserdicht. Das ist besonders wichtig im Duschbereich.*

***Die erste Reihe Fliesen** muß perfekt sitzen: Die Senkrechten und Waagerechten werden mit Senklot, Wasserwaage und Bleistift auf die Wand übertragen.*

Den Fliesenkleber vollflächig auftragen und mit einem Zahnspachtel auskämmen. Nur so viel Fläche mit Kleber versehen, wie in 15 Minuten mit Fliesen belegt werden kann.

Nach Ansetzen der ersten Fliesenreihen können auf der Fläche die Fliesen nach der Schnur geklebt werden. Die straff gespannte Gummischnur wird von Metallecken gehalten.

Fliesen sind die Nummer eins, wenn es im Bad um die Gestaltung von Fußböden und Wänden geht. Kein anderes Material ist so hygienisch und pflegeleicht und bietet eine so umfangreiche Auswahl an Farben, Mustern, Strukturen und Dekoren. Die gängigsten Formen sind quadratisch oder rechteckig, dazu kommen noch diverse Sonderformen wie sechs- und achteckige Platten sowie Leisten und Einleger. Bei Fliesen, deren Grundfläche kleiner als 10 mal 10 cm ist, spricht man von Mosaik. Die Maßangaben beziehen die Fugenbreite mit ein, eine als 30 mal 30 cm bezeichnete Fliese hat tatsächlich eine reale Größe von 29,6 mal 29,6 cm.

Aus dem unüberschaubaren Angebot an Wand- und Bodenfliesen die passenden auszuwählen ist sicher keine leichte Aufgabe. Die folgenden Kriterien können Ihnen bei der Suche nach der richtigen Fliese helfen:

- Je kleiner der Raum bzw. die Fläche, desto kleiner sollte das Format sein.
- Riemchen- oder Doppelquadrate in horizontaler Verlegung betonen die Länge.
- Niedrige Räume wirken durch senkrechte Fugen und Hochformate höher.
- Helle Farben sorgen für eine großzügige Raumanmutung, dunkle verengen Räume.
- Matte Glasuren unterdrücken störende Reflexionen des Lichts.
- Auf matten Glasuren stören Kalk- und Wasserflecken weniger.

Bedenken Sie bei der Auswahl auch, daß Fliesen nur ein, allerdings sehr wichtiger Teil der gesamten Einrichtung sind. Erst durch die Abstimmung mit den sanitären Objekten und den Accessoires, von der Seifenschale bis zum Handtuchhalter, wird es ein rundum gelungenes Badezimmer.

Kreisschneider und Fliesenschneidegerät

Mit dem verstellbaren Kreisschneider werden Öffnungen für Rohre und Stehbolzen erstellt. Zur sicheren Handhabung die Bohrmaschine in einen Bohrständer einspannen.

Mit der Fliesenschneidemaschine können die schmalen Streifen für den Sockelstreifen gefertigt werden. Beim Verkleben die Schneidkante nach unten richten.

Nach Trocknung des Fliesenklebers über Nacht wird die geflieste Fläche verfugt. Die Fugenmasse diagonal in die Fugen einarbeiten und feucht nachwischen.

Für die ersten Fliesenreihen im Bodenbereich werden Markierungslinien aufgetragen. Ein langes Lineal oder eine lange Schnur sind dafür geeignete Hilfen.

Die Montage der **Sanitärkeramik** ist

Die letzten Schritte zum neuen Bad: Sind die Objekte montiert, fehlen nur noch die Halter für Seife und Handtuch.

Die Stehbolzen werden eingedreht, die Rohrstutzen mit Dichtungen eingesteckt. Dann kann das wandhängende WC aufgesetzt und mit den Muttern befestigt werden.

Die Stehbolzen für die Aufnahme des Waschtisches finden Halt in einer Platte im Vorwandmodul, die Eckventile für Warm- und Kaltwasser werden in die Anschlüsse gesetzt.

Waschtisch, WC und Dusche

Auf diesen beiden Seiten sehen Sie ausschnittweise die Fertiginstallation des Badezimmers. In anderen Kapiteln dieses Buchs wird näher auf die Installation sanitärer Objekte eingegangen.
Die montierten Objekte entstammen einer Produktlinie, bei der Farbe und Stil der Sanitärelemente aufeinander abgestimmt sind, ebenso wie die Armaturen. Das ermöglicht eine perfekte Badgestaltung wie aus einem Guß.
Technische Probleme dürften bei der Befestigung der Sanitärobjekte an den Vorwandmodulen nicht auftreten, Befestigungen wie Stehbolzen, Unterlegscheiben und Abdeckkappen gehören zum Lieferumfang der Vorwandelemente. Ablaufgarnituren mit Exzenter, der über ein mechanisches Gestänge fernbedienbare Ablaufverschluß, für den Waschtisch werden komplett mit allen Einzelteilen und den benötigten Dichtungen geliefert. Auch beim wandhängenden WC sind alle zur Befestigung nötigen Teile dabei, einzig die Bedienplatte für die Spülung muß so ausgesucht werden, daß sie sich mit ihrer Oberfläche harmonisch einfügt.
Stabile Duschabtrennungen gibt es passend zu allen Wannenformen. Die festen Teile, die Wandanschlußschienen, werden partiell an der Wand verschraubt. Markenduschwände werden aus Echt- oder Kunstglas hergestellt, bei Abtrennungen aus Echtglas wird belastbares Einscheibensicherheitsglas verwendet. Die Aluminiumprofilrahmen sind durch pflegeleichte, stoß- und kratzfeste Einbrennlackierung oder Eloxalfarben versiegelt. Türen, die sich leicht aushaken lassen, erleichtern die gründliche Reinigung.

***Der Röhrengeruchverschluß** wird zusammengesetzt und in den Siphonbogen der Abwasserleitung eingeschoben, der Bügel nimmt die keramische Abdeckung (Halbsäule) auf.*

***Die keramische Halbsäule** unter dem Waschtisch wertet den Waschplatz auf, in ihrem Inneren verbergen sich die Anschlüsse für Wasser und Abwasser.*

Verbindungen sind wichtig

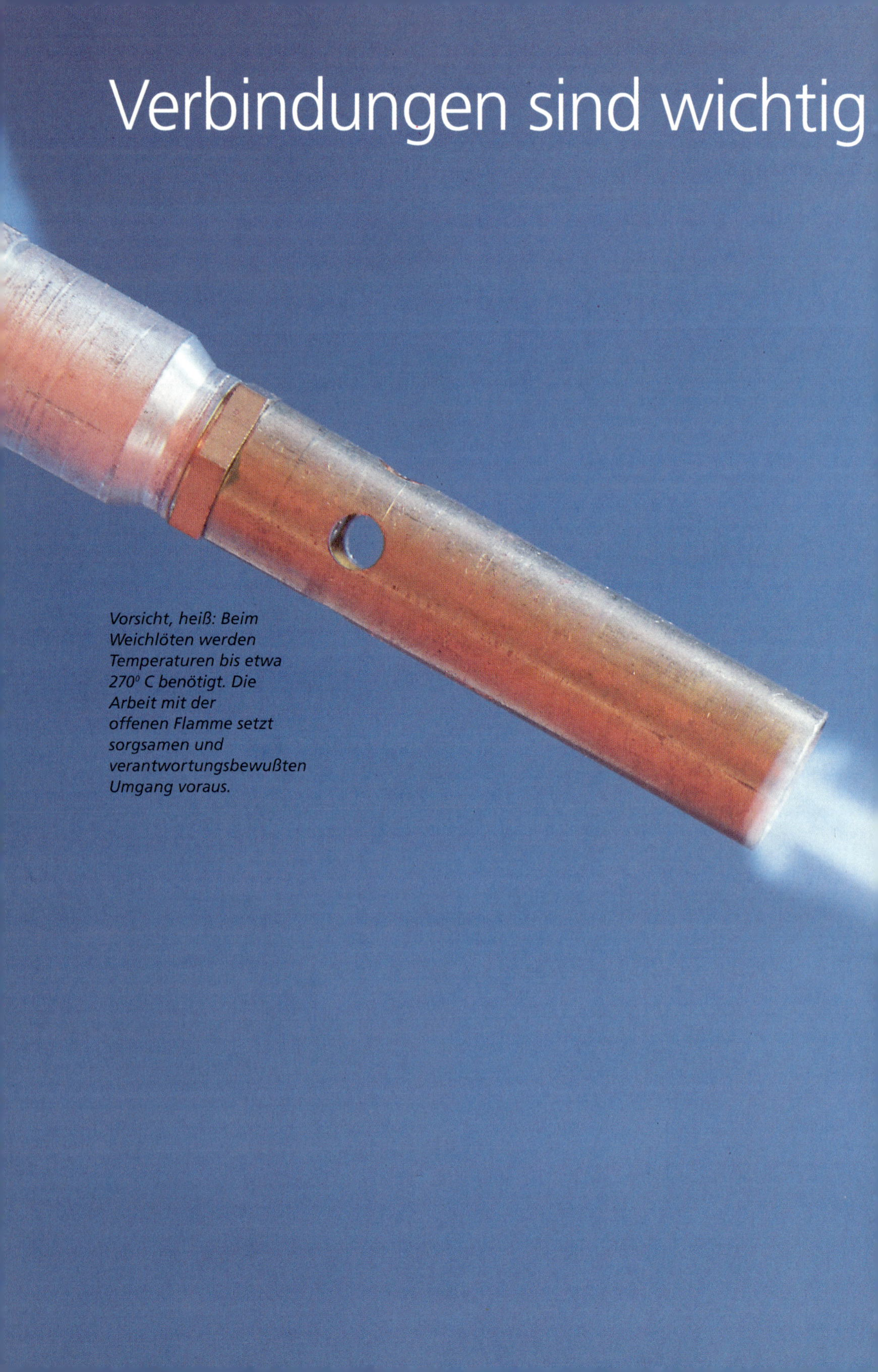

Vorsicht, heiß: Beim Weichlöten werden Temperaturen bis etwa 270° C benötigt. Die Arbeit mit der offenen Flamme setzt sorgsamen und verantwortungsbewußten Umgang voraus.

Verarbeiten von Kupferrohr

Umfassende Installationen sind sicher nichts für den Heimwerker, aber kleinere Arbeiten mit Kupferrohr und Lötgeschirr können Sie sich durchaus zutrauen.

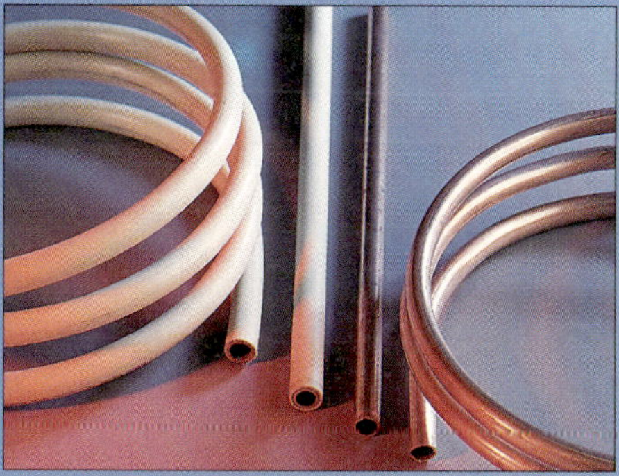

Kupferrohr *für die Trinkwasserinstallation ist in 25-Meter-Ringen (WICU-Rohr) oder als starres Rohr in Längen ab einem Meter verfügbar.*

Das verbreitetste Rohrmaterial in der Installation von Kalt- und Warmwasserleitungen ist Kupfer. Gute Gründe sprechen für den Einsatz von Kupferrohr: Das Material ist äußerst korrosionsbeständig, also widerstandsfähig gegen Einwirkungen des Wassers und der umgebenden Luft. Glatte Innenwände vermeiden Ablagerungen, Druck- und Reibungsverluste sind gering. Kupferrohr ist schnell und einfach zu verlegen – und zu verlöten – und mit wenigen Werkzeugen zu verarbeiten. Kupferrohr, Weichlöten und Selbermachen, das gehört irgendwie zusammen. Für alle Einbausituationen gibt es passende Verbindungsstücke: Fittings, so nennt der Fachmann die Formstücke, als Bögen, T-Stücke und Übergänge. Und spezielles Werkzeug brauchen Sie auch nicht: Nur Lötgerät, Weichlot und Rohrschneider müssen zusätzlich in den Werkzeugkasten.

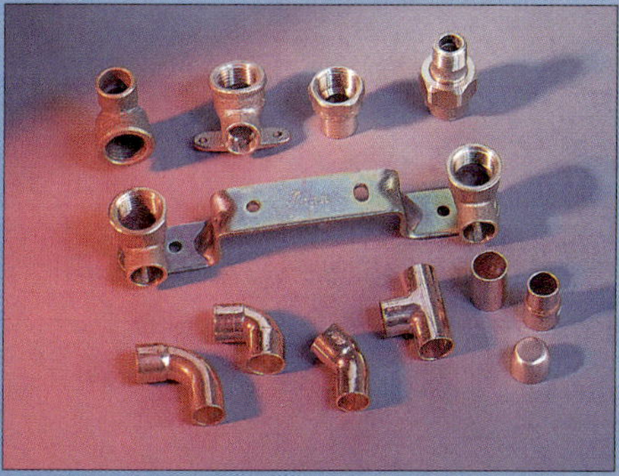

Die Fittings *sind die verbindenden Teile: Bögen, T-Stücke, Muffen, Übergänge und Wandscheiben werden mit dem Rohr verlötet.*

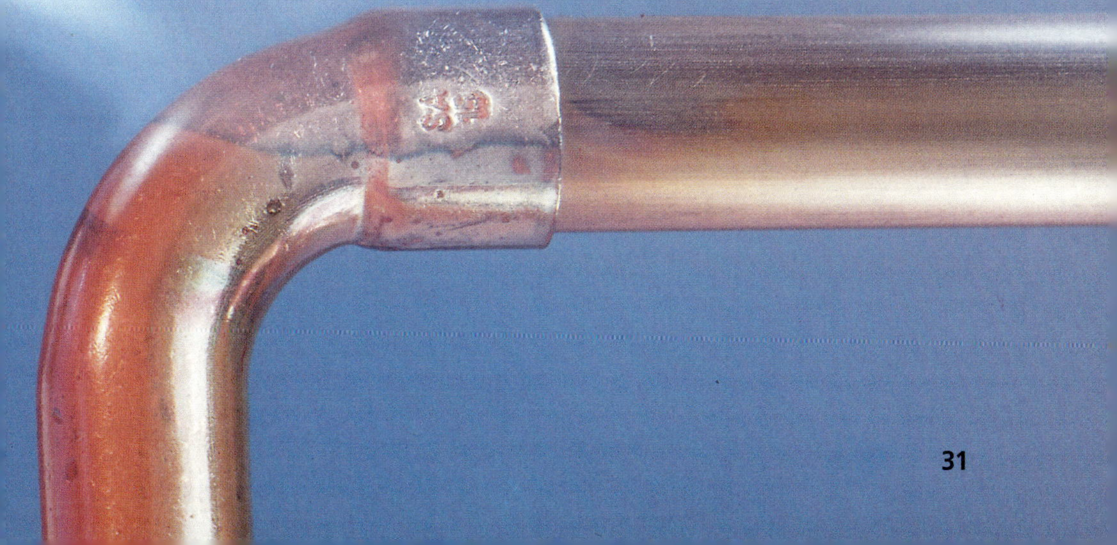

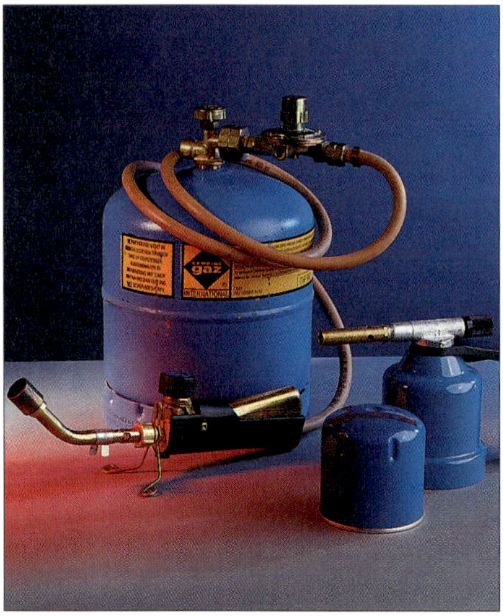

***Wärmequellen:** Große Butanflasche mit Lötbrenner am Schlauch oder das kleine Handgerät mit Einwegkartuschen, die auch im Campingbereich verwendet werden.*

***Bei der Verarbeitung** leistet eine Spannvorrichtung gute Dienste. Ablängen mit der Säge führt zu scharfen Schneidgraten, die unbedingt entfernt werden müssen.*

Die Verarbeitung des Kupferrohrs

Bevor es an die Arbeit geht, legen Sie fest, was an Rohr und Fittings für die Installation nötig ist. Fertigen Sie eine kleine Skizze des Grundrisses oder einen Verlegeplan an. Bei der Aufputzinstallation, beispielsweise dem Verlegen einer Leitung in Kellerräumen, empfiehlt sich Kupferrohr in Stangen. Biegsames Rohr vom Ring bleibt wellig, es wird in Mauerschlitzen für die Unterputzinstallation verwendet (siehe auch nächste Seite). Die Verformbarkeit des biegsamen, weichen Rohres spart Bögen, Richtungsänderungen können durch Biegen erstellt werden.
In der Hausinstallation üblich sind Kupferrohre in 12, 15, 18 und 22 mm Durchmesser. Diese Maße geben den Außendurchmesser an, die Wandungen sind bei diesen Dimensionen 1 mm stark. Ein 18er Rohr hat also eine lichte Durchflußweite von 16 mm. An Übergängen von Kupferrohren zu Armaturen mit Gewinde oder zu Gewinderohrleitungen werden Rotguß- oder Messingfittings eingesetzt, die mit dem Kupferrohr durch Löten verbunden werden. Für die Trinkwasserinstallation unbedingt zu beachten ist die Fließregel: Nach Kupferrohren dürfen keine verzinkten Bauteile in Fließrichtung des Wassers mehr folgen, da dies zu Korrosionsschäden führt.
Mit dem Rohrschneider werden die Rohre abgelängt. Zu hoher Andruck des Rohrschneiders verformt das Rohrende, der Fitting läßt sich dann nicht mehr aufschieben. Sind mit dem Entgrater die Schnittkanten im Rohr entfernt, werden Rohrende und Fitting gesäubert. Damit das Lot mit den zu verbindenden Werkstoffen eine Legierung bilden kann, muß die Verbindungsstelle sauber sein. Schmutz, Fett,

und Lötgerät – mit Übung gelingt es sicher.

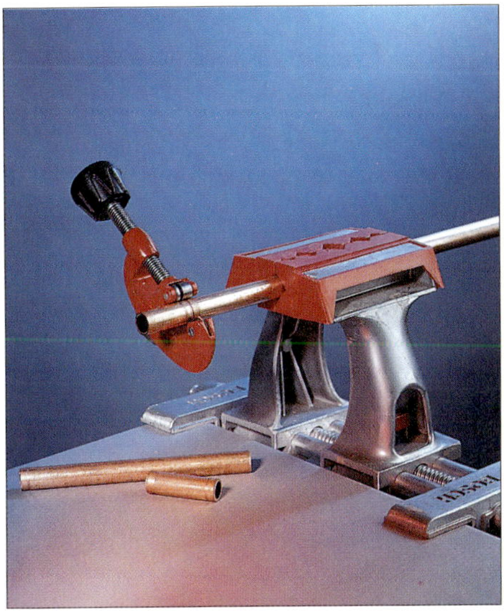

Mit dem Rohrschneider *gelingt ein präziser, exakt rechtwinkliger Schnitt des Rohrs. Abgenutzte Schneidrädchen können leicht und schnell ausgetauscht werden.*

Im Kupferrohr *entsteht ein umlaufender Schneidgrat, der im Betrieb zu Fließgeräuschen führen würde. Dieser wird mit dem ausklappbaren Entgrater entfernt.*

Das Rohrende *und die Muffe des Fittings werden vor dem Löten mit einem Schleifvlies oder feinem Schleifpapier blank geschliffen. Auf keinen Fall Stahlwolle verwenden!*

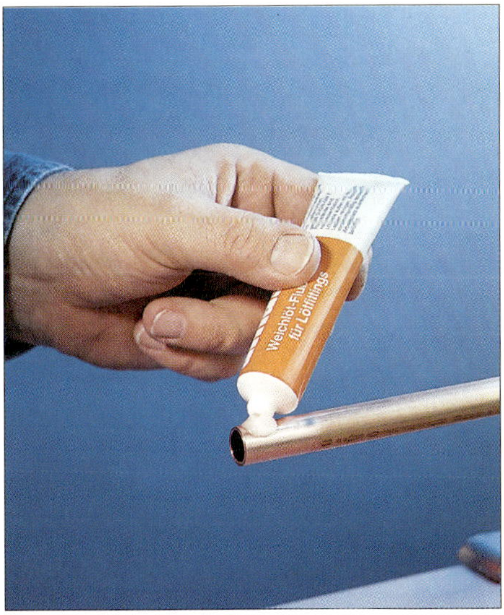

Das Flußmittel *wird vor dem Zusammenstecken auf dem Rohrende aufgebracht. Es reinigt die Lötstelle und unterstützt das Fließverhalten des Zinns.*

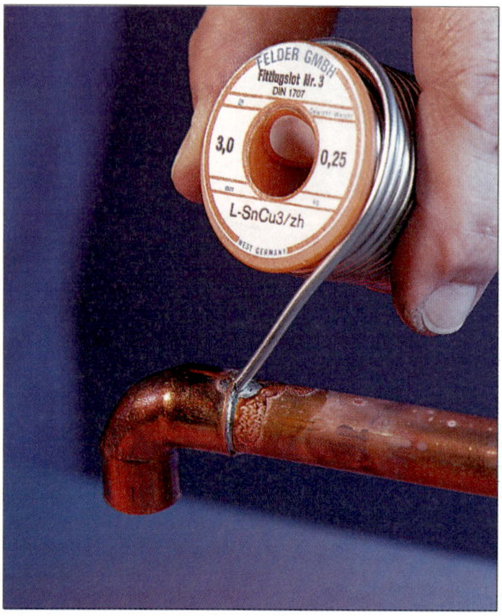

***Sind Rohr und Fitting** gleichmäßig erwärmt, wird die Flamme abgewendet und der Lötdraht an die gesteckte Verbindung gehalten. Das Zinn sucht sich den Weg in den Spalt.*

***Eine Filzbinde** schützt das blanke Kupferrohr bei der Verlegung unter Putz vor Korrosion. Warmwasserrohre erhalten eine wärmedämmende Isolierung aus Schaumstoff.*

Rost und Farbreste werden mechanisch entfernt. Neben Drahtbürste, Feile und Putzlappen sind Schleifvlies und feines Schleifpapier geeignet. Wenn Sie das Rohr nach unten richten, kann kein Abrieb in die Leitung gelangen. Stahlwolle sollten Sie nicht benutzen, feine Reste können zu undichten Lötstellen führen.

Sind Rohr und Fitting vorbereitet, geht es ans Löten. Dazu das Flußmittel dünn auf das Rohrende auftragen und nicht in das Rohrinnere gelangen lassen. Flußmittel lösen auf chemischem Weg die dünnen Oxidschichten und unterstützen die Kapillarwirkung, das Hineinsaugen des Lots in den Lötspalt. Nach dem Zusammenstecken werden die Lötstellen am Fitting ganzflächig mit weicher Flamme erwärmt. Die richtige Temperatur ist erreicht, wenn vom Flußmittel leichte Rauchfahnen aufsteigen. Die offene Flamme wird abgewendet und Lot zugeführt. Das Zinn wird sofort flüssig und dringt nicht sichtbar bis zum Ende in den Lötspalt ein. Bei erneuter kurzer Erwärmung bildet sich sichtbar ein geschlossener Lotring im Lötspalt. Bevor die Lötverbindung bewegt bzw. belastet werden kann, muß das Zinn endgültig erstarrt sein: Die Oberfläche schlägt in matten Glanz um.

Blanke Rohre in Mauerschlitzen werden mit einer Filzbinde umwickelt, Warmwasserrohre erhalten gegen Wärmeverluste eine Isolierung aus Schaumstoff. Abschließend wird die fertiggestellte Installation auf Dichtigkeit geprüft: offene Anschlüsse wie Wandscheiben mit Stopfen versehen und das System über einen längeren Zeitraum dem Wasserdruck aussetzen. Sind die Verbindungen dicht, kann die Wand verputzt werden.

Eine Montagebrücke *erleichtert die paßgenaue Rohmontage für die Armatur an Wanne oder Dusche. Für die Leitungsführung werden die Wände vorgeschnitten und ausgestemmt.*

Von den Wandscheiben *ausgehend werden die Leitungen für Warm- und Kaltwasser verlegt. Ein leichtes Gefälle erleichtert die Entleerung bei einer eventuellen Reparatur.*

Mit einer Filzbinde *werden die blanken Kupferrohre umwickelt. Diese Maßnahme verhindert Schwitzwasserbildung, schützt gegen Korrosion und mindert Leitungsgeräusche.*

Nach dem Abdrücken *der neu installierten Leitungen können die Schlitze in der Wand mit Gips oder Dämmörtel wandbündig verputzt werden.*

Rohre, Bögen und Muffen:

Kunststoffleitungen haben die Abwasserrohre aus Blei und Gußeisen abgelöst. Ein leicht handhabbares System – auch für Selbermacher.

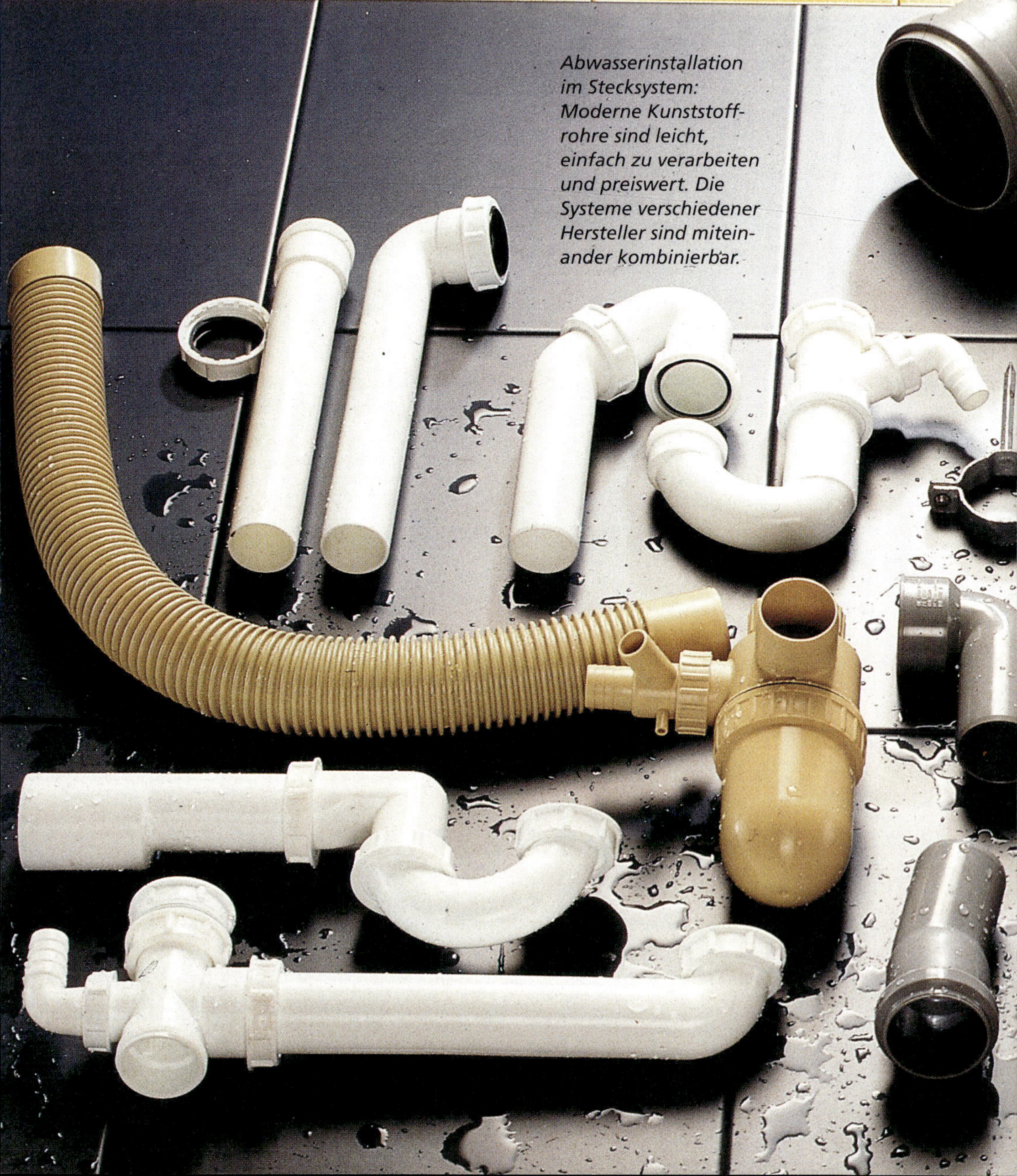

Abwasserinstallation im Stecksystem: Moderne Kunststoffrohre sind leicht, einfach zu verarbeiten und preiswert. Die Systeme verschiedener Hersteller sind miteinander kombinierbar.

Abwassersysteme im Haus

Die **Abwasserinstallation** mit

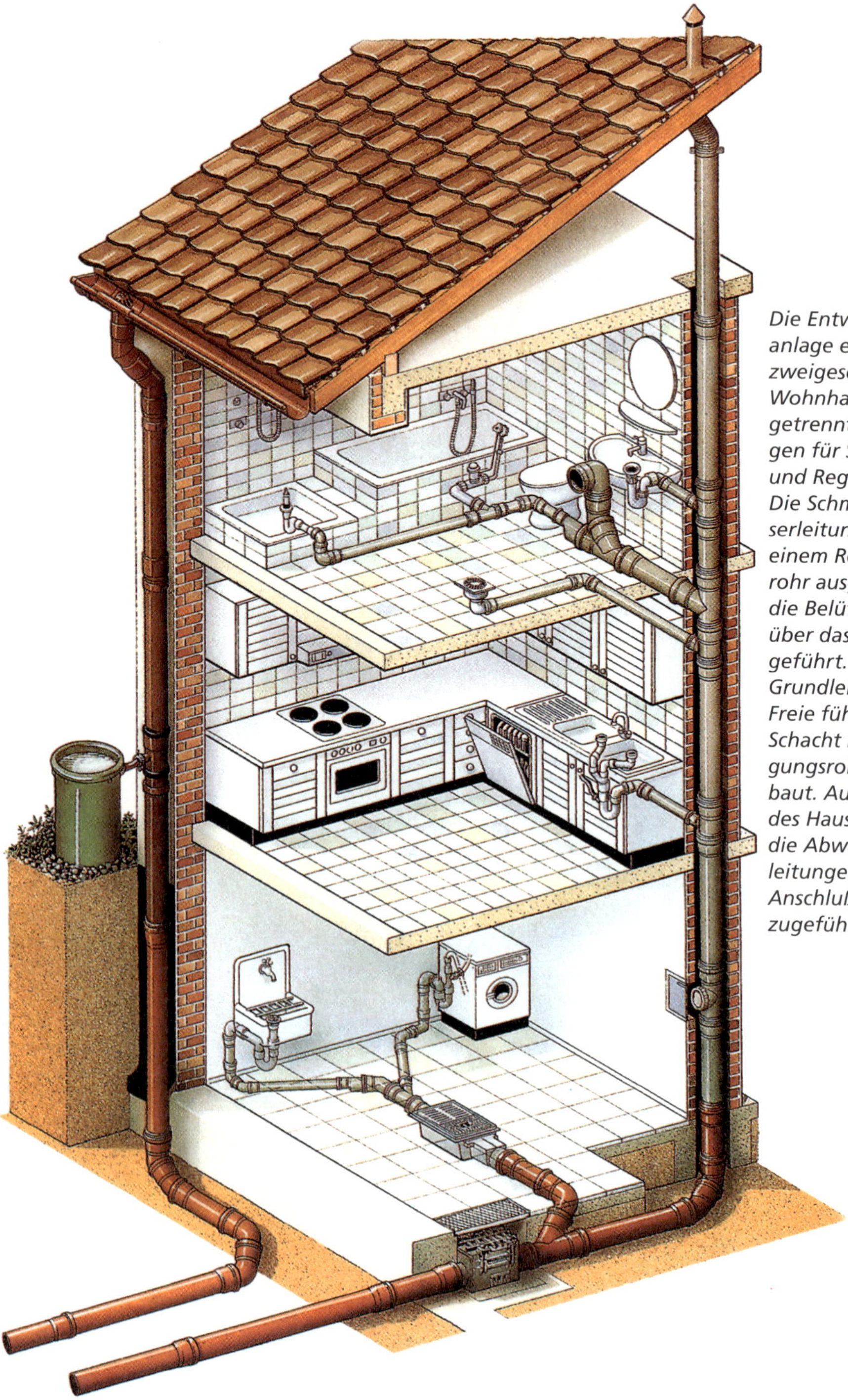

Die Entwässerungsanlage eines zweigeschossigen Wohnhauses mit getrennten Leitungen für Schmutz- und Regenwasser. Die Schmutzwasserleitung ist mit einem Reinigungsrohr ausgestattet, die Belüftung wird über das Dach geführt. Bevor die Grundleitung ins Freie führt, ist ein Schacht mit Reinigungsrohr eingebaut. Außerhalb des Hauses werden die Abwasserleitungen dem Anschlußkanal zugeführt.

Wie Teile eines Baukastens werden Rohre und Bögen zusammengefügt. Bei Beachtung von Regeln und Normen ist fachgerechte Arbeit erstaunlich einfach.

Den Waschtisch im Bad versetzen, die neue Nirostaspüle in der Küche montieren und das alte WC-Becken erneuern – bei diesen und vielen anderen Arbeiten an Installationen in Haus und Wohnung muß neben der Versorgung mit Frischwasser auch die Entsorgung der Abwässer geplant werden. Sicher werden Sie nicht komplette Abwassersysteme der Haustechnik in Angriff nehmen, doch auch für kleinere Arbeiten wie die obengenannten benötigen Sie für den praktischen Erfolg theoretische Kenntnisse über Verlegung und Verarbeitung der Abwasserleitungen.
Vorschriften für die Hausentwässerung sind Bestandteile der Landesbauordnungen, maßgeblich ist die DIN 1986. Für Abwasserleitungen dürfen in Deutschland nur gekennzeichnete Rohre und Formteile mit der Zulassung des Instituts für Bautechnik verwendet werden. Aus der Kennzeichnung müssen neben dem PA-Zeichen die Nennweite und das Material, beispielsweise PP für schwer entflammbares Polypropylen, hervorgehen.
Grundsätzlich dürfen alle Teile einer Gebäudeentwässerung in Kunststoff ausgeführt werden. Nach ihren Einsatzgebieten unterscheidet man drei verschiedene Arten von Kunststoffrohren: das wenig verbreitete KA-Rohr für Verbindungs- und Anschlußleitungen mit niedrigen Abwassertemperaturen im Innenbereich, erkennbar an der hellgrauen Farbe, das HT-Rohr für Leitungen im Innenbereich mit hohen

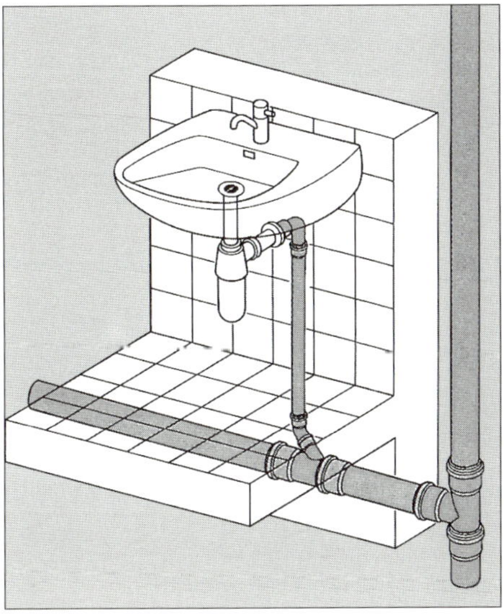

Für Waschtische oder Sitzwaschbecken ausreichend sind Rohrweiten mit einer Nennweite von 40 mm (Kurzform: DN 40), bei zusätzlichem Anschluß einer Waschmaschine DN 50.

Bodenstehende oder wandhängende WCs werden mit HT-Rohren DN 100 an das Abwasser angeschlossen. Scharfe Bögen mit 87° sollten in diesen Leitungen vermieden werden.

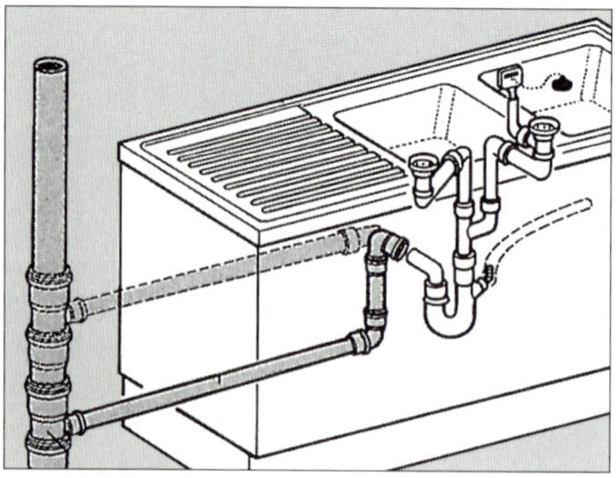

Spülen und Spültische werden mit HT-Rohren der Nennweite DN 50 angeschlossen. Im Bild eine alternativ mögliche Rohrführung.

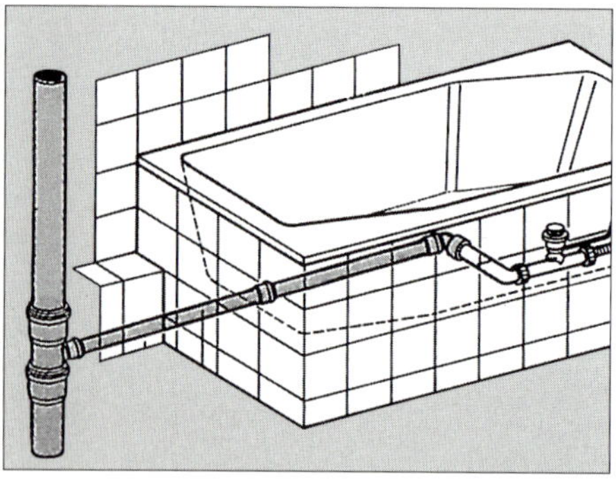

Die Ablaufgarnituren von Sitz- und Liegewannen werden durch HT-Rohre mit DN 50 an die Falleitung DN 100 angeschlossen.

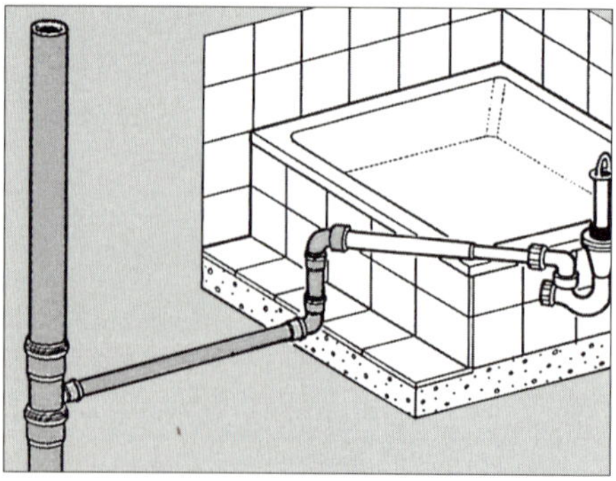

Ausgehend von der Falleitung DN 100 wird die Abwasserleitung der Dusche mit Rohren und Formstücken DN 50 erstellt.

Abwassertemperaturen, erkennbar an der dunkelgrauen Farbe, und das KG-Rohr für alle Temperaturbereiche im Außenbereich. Sie sind nur für den Bau von Grundleitungen zugelassen und an der rotbraunen Farbe zu erkennnen.

Um eine ausreichende Selbstreinigung liegender Leitungen sicherzustellen, werden sie mit Gefälle in Richtung zur Falleitung verlegt. Die im Haus üblichen Nennweiten bis einschließlich DN 100 werden mit einem Gefälle von maximal 1:50 verlegt, d. h., die Leitung fällt bei einem Meter Länge um 2 cm.

An Ablaufstellen für Schmutzwasser verhindern Geruchverschlüsse, mit Sperrwasser gefüllt, Geruchsbelästigungen durch Kanalgase. Diese Wasservorlage kann in der Ablaufstelle integriert sein, wie z. B. beim WC-Becken, oder es wird ein separater Verschluß – beispielsweise der Röhren- bzw. Tassengeruchverschluß am Waschtisch – der Ablaufstelle nachgeschaltet. Voraussetzung für die einwandfreie Funktion dieser Einrichtungen ist, daß das Absaugen oder Herausdrücken von Sperrwasser verhindert wird. Als Sicherungsmaßnahme wird die Falleitung als Lüftungsleitung über das Dach fortgeführt. Mit dem Fall des Abwassers strömt Luft ein, die für Ausgleich der entstehenden Druckschwankungen sorgt.

Durch Ablagerungen, das Einleiten schädlicher Stoffe wie Fett oder Tapetenkleister oder das Einbringen fester Stoffe wie Papiertücher oder Textilien kann es in den Rohrleitungen trotz richtiger Verlegung zu Verstopfungen kommen. Für Reinigung verstopfter Abwasserleitungen mit einer Spirale werden in den Falleitungen Reinigungsöffnungen vorgesehen.

Das Verlegen von HT-Rohr

HT-Rohre gibt es in Nennweiten von 40, 50, 70 und 100 mm, für Sammel- und Falleitungen in Mehrfamilienhäusern auch in 150 und 200 mm.
Schnelle Montage, das geringe Gewicht und die einfache Verarbeitung haben dazu beigetragen, daß beinahe ausschließlich die steckbaren Kunststoffrohre in Abwassersystemen eingesetzt werden. Die Rohre können mit einer Feinsäge auf jedes Maß zugeschnitten werden. Anschließend wird mit der Kunststoffraspel der Schneidgrat entfernt, das Rohrende angefast und unter leichten Drehbewegungen die Verbindung zusammengefügt. Gleitmittel erleichtert das Zusammenstecken und sorgt dafür, daß der in der Muffe eingelegte Dichtring nicht aus seiner Position gedrückt oder beschädigt wird. Scharfe Bögen mit 80 bzw. 87° sollten Sie vermeiden und durch zwei Bögen mit z. B. 45° auflösen – so halten Sie dauerhaft Ihr Rohr sauber.

Mindestanschlußwerte laut DIN 1986

Entwässerungsgegenstand Nennweite	Ø in mm
Hand-, Sitzwaschbecken, Waschtisch	40
Küchenspüle, Ausguß, Geschirrspüler bis 12 Maßgedecke, Waschmaschine bis 6 kg Trockenwäsche mit eigenem Geruchsverschluß	50
Waschmaschine bis 12 kg Trockenwäsche	70
WC	100
Brausewanne, Fußwaschbecken, Badewanne mit direktem Anschluß	50

Mit Gehrungslade und feingezahnter Säge werden HT-Rohre rechtwinklig getrennt, dann das Rohrende entgratet und angefast.

Mit Gleitmittel versehen wird die Verbindung vor dem Zusammenstecken. Durch Gleitmittel bleibt sie leicht trennbar und ausrichtbar.

Vor dem Festsetzen der Leitungen mit Schellen wird das Gefälle mit der aufgelegten Wasserwaage überprüft.

So wird die neue

Sanitäre Objekte wie Waschtische müssen heute neben den funktionalen auch formalen Ansprüchen gerecht werden.

Waschtischanlage montiert

Einen neuen Waschtisch und eine moderne Armatur zu installieren dauert keine Ewigkeit – die Freude an dem neuen Objekt währt dagegen sehr lange.

Zur Mindestausstattung eines Badezimmers gehört heute, neben Dusch- oder Badewanne und WC, ein Waschtisch mit einer Armatur zur Entnahme temperierten Frischwassers. Die einstigen Funktionsräume haben sich längst zu gleichwertigen Räumen innerhalb der Wohnung oder des Hauses gemausert, Produkte für den sanitären Bereich in zeitgemäßen Formen und Farben schaffen die gewünschte Atmosphäre. Der Handel hält ein entsprechend breites Angebot bereit. Produktlinien verschiedener Markenhersteller, bei denen nicht nur Farbe und Stil der Sanitärelemente untereinander, sondern auch Armaturen, Badmöbel und Accessoires aufeinander abgestimmt sind, ermöglichen eine Badgestaltung wie aus einem Guß. Ob Renovierungsarbeiten oder Austausch des veralteten Waschtisches – mit handwerklichem Geschick und gutem Werkzeug sind solche Arbeiten kein Problem. Bei Umbauten in einer Mietwohnung holen Sie zuvor die Genehmigung Ihres Vermieters ein. Sollten Sie das versäumen, kann ein Auszug unangenehme Folgen nach sich ziehen: Der Vermieter kann in diesem Fall die Wiederherstellung des Urzustandes verlangen. Falls eine Renovierung bzw. Sanierung des Badezimmers aus technischen oder hygienischen Erwägungen ohnehin fällig ist, können Sie ihn möglicherweise von einer zumindest teilweisen Übernahme der Kosten für die benötigten Materialien überzeugen.

Mit Wasserwaage und Bleistift werden waagerechte Montagelinie und senkrechte Linie mittig über Eckventilen und Ablauf gezogen.

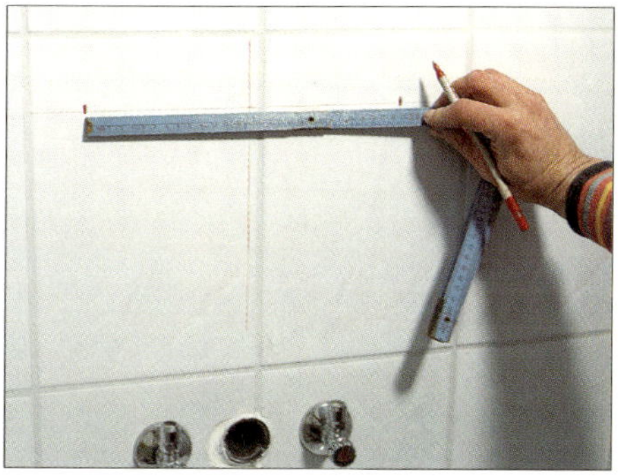

Von der Mittellinie jeweils 14 cm nach links und rechts werden die Bohrpunkte für die Waschtischbefestigung angezeichnet.

Mit ausgeschaltetem Schlagwerk durch die Fliese bohren, mit Schlag in die Wand. Körnen der Fliese verhindert Abrutschen des Bohrers.

***Mit speziellem Gabelschlüssel** werden die Stockschrauben des Befestigungssatzes in die Wanddübel eingedreht.*

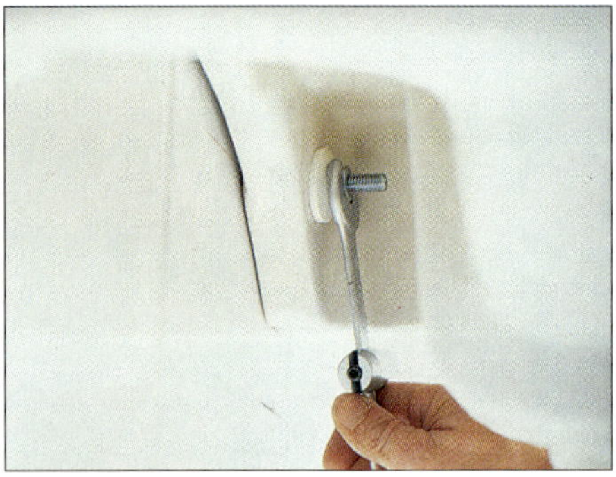

***Der Waschtisch** wird auf die Stockschrauben aufgesetzt. Die Sechskantmuttern werden wechselseitig leicht angezogen.*

***Ist der Waschtisch** exakt waagerecht ausgerichtet, werden die Muttern auf den Stockschrauben vorsichtig angezogen.*

Die zugstabile Wandbefestigung

Vor der Montage eines schweren Waschtisches sollten die Beschaffenheit und Tragfähigkeit der Wand geprüft werden. Die Befestigung des Waschtisches wird hauptsächlich auf Zug belastet, entsprechend muß eine Befestigungsart gewählt werden, die absolut fest in der Wand verankert ist. In massivem Bauwerk reicht ein standardisiertes Komplettset, bestehend aus zwei Dübeln mit 14 mm Durchmesser, zwei Stockschrauben M 10 und den benötigten Unterlegscheiben, je zwei aus Kunststoff und Stahl. In Wänden in Leichtbauweise empfehlen sich Expansions- oder Hohlraumdübel. Eine sichere Befestigungsart sind durchsteckbare Halterungen, Gewindestangen in der Dimension M 10 mit Gegenplatte. Durch die große Auflage wird die aufkommende Zuglast auf eine größere Fläche verteilt. Voraussetzung für diese Montageart ist allerdings die freie Zugänglichkeit der anderen Wandseite. Waschtischsäulen, als Boden- oder Halbsäulen erhältlich, haben keine tragende Funktion. Sie verkleiden die wasserführenden Rohre und sind formale Ergänzungen zum Waschtisch. Eine ebenso elegante wie nützliche Möglichkeit, den Waschtisch zu stabilisieren, ist ein passender Unterschrank.
Nach der Installation des Waschtisches werden vor der Inbetriebnahme die Leitungen gespült, dann können Späne und andere Rückstände in den Leitungen keine Schäden an den Armaturen anrichten. Dazu wird der Strahlregler (Perlator) an der Armatur abgeschraubt, die Eckventile für warmes und kaltes Wasser geöffnet und eine Zeitlang Mischwasser gezapft. Die Fremdkörper im Rohrsystem werden auf diese Weise ausgespült.

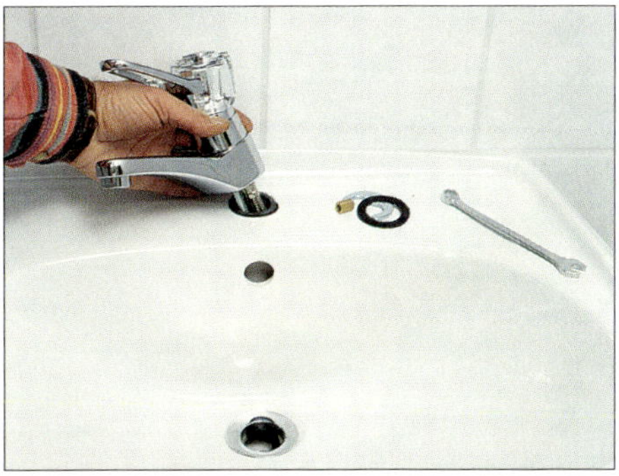

Die Einlocharmatur *wird in die Öffnung eingeführt, ausgerichtet und von unten verschraubt. Dichtungen nicht vergessen!*

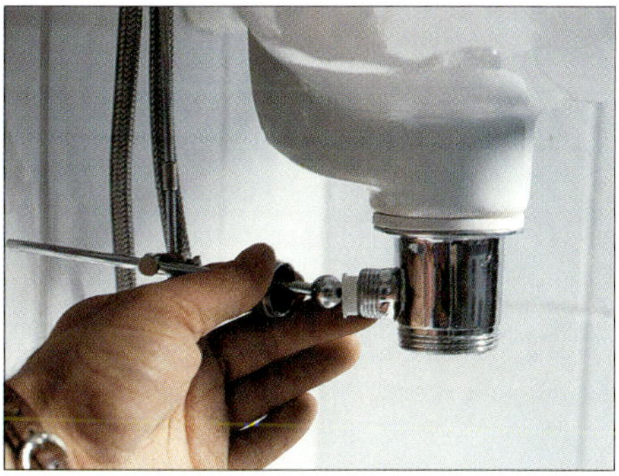

Das Gestänge *des Ablaufverschlusses wird in die Kunststoffbuchse geführt, genau justiert und anschließend festgesetzt.*

Die flexiblen Anschlußleitungen *der Armatur werden durch Quetschverschraubungen mit den Eckventilen verbunden.*

Der Röhrensiphon *wird mit der Ablaufgarnitur verbunden. Die Überwurfmuttern immer nur handfest anziehen.*

Sicher vor unliebsamen Überraschungen

Wenn Sie die Position der Bohrlöcher für die Waschtischbefestigung markiert haben, prüfen Sie mit einem Metalldetektor den genauen Verlauf der Rohrleitungen. Moderne Geräte zeigen zusätzlich die Tiefe an. Auch wenn Sie nur selten zum Hammer oder zur Bohrmaschine greifen, lohnt die Anschaffung eines solchen Geräts. Die Reparatur eines beschädigten Elektrokabels oder einer angebohrten Wasserleitung kann teuer werden!

Neue WC-Anlage: Becker

Genormte Anschlüsse und einfache Montage: Für den Heimwerker ist Austausch oder Neuinstallation einer WC-Anlage kein großes Problem.

Im Neubau und auch bei der Renovierung von Badezimmern werden heute fast ausschließlich sogenannte Tiefspülbecken eingesetzt. Im Gegensatz zur flachen, waagerechten Auffangschüssel beim Flachspülbecken haben Tiefspüler steilere Innenwände, die über den integrierten Geruchverschluß direkt mit der Abwasserleitung verbunden sind. Die steilen Innenwände erleichtern merklich die Reinigung, die von den Flachspülern bekannten Wasser- bzw. Kalkränder können sich hier nicht bilden. Weitere Vorteile sind die deutliche Reduzierung des Wasserverbrauchs, für eine hygienisch einwandfreie Spülung des Beckens wird weniger Wasser benötigt, die Geruchsentwicklung ist durch den hohen Wasserstand des Tiefspulers auf ein Minimum reduziert. Planen Sie den Austausch eines alten Beckens, prüfen Sie zunächst die vorhandenen Anschlüsse. Auch alte Anlagen mit hoch hängendem Spülkasten lassen sich mit zeitgemäßen, wassersparenden WC-Becken ausrüsten. Voraussetzung ist, daß die Anschlüsse für Spül- und Abwasser den gültigen Normen entsprechend angeordnet sind, da alle sanitären Objekte nach diesen Maßen hergestellt werden. Der Spülwasseranschluß am Becken wird mit Gummimanschetten, auch für die geringer dimensionierten Spülrohre hoch hängender Spülkästen erhältlich, der Abwasseranschluß mit Euro-Stutzen bzw. Euro-Bogen hergestellt.

Das WC-Becken muß so positioniert werden, daß der geöffnete Deckel sicher steht. Dann werden die Bohrlöcher angezeichnet.

Beim Bohren im Boden die Bohrmaschine häufiger anheben, um die entstehende Warme und den Bohrstaub abzuführen.

Die Befestigungsschrauben mit den Unterleg-scheiben gleichmäßig anziehen, bis das Becken fest steht.

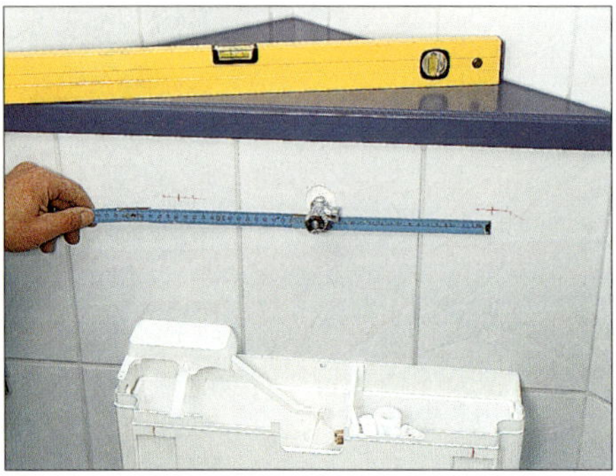

Ausgehend vom Eckventil werden die beiden Bohrpunkte waagerecht mittig über dem WC-Becken angezeichnet.

Die Dübel werden in die Bohrlöcher gesetzt und die Halterungen so fixiert, daß sie zum Ausrichten noch verschiebbar bleiben.

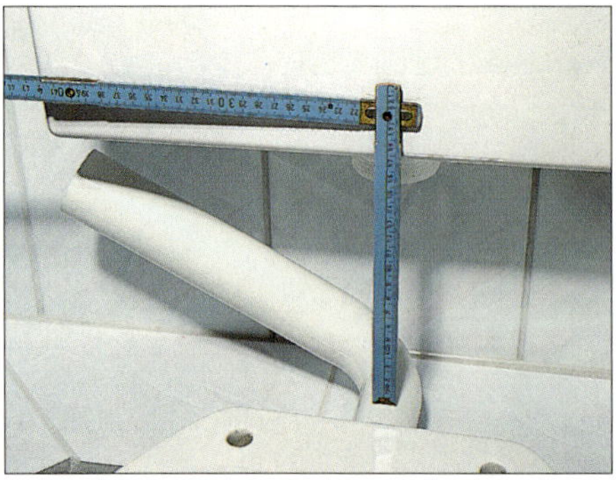

Nach dem Ausrichten und Festsetzen wird das Maß bis zum Spülkastenanschluß genommen und das Spülrohr mit einer Feinsäge abgelängt.

Montage des Spülkastens

Herstellerseitig sind die Spülkästen so vorbereitet, daß sowohl mittige wie auch linke und rechte Positionierung des Eckventils möglich ist, kleine Kunststoffstege decken die seitlichen Eingänge ab. Die mittige Montage hat den Vorteil, daß der Wasseranschluß nicht sichtbar im Innern des Spülkastens liegt. Der vormontierte Schwimmer kann problemlos von Links- auf Rechtsbetätigung umgesetzt werden. Nicht nur aus optischen Gründen ist die waagerechte Montage des Kastens wichtig. Nur so ist gewährleistet, daß sich der Schwimmer während des Füllvorgangs frei bewegt und aufschwimmt.

Der Wasseranschluß im Spülkasten führt direkt vom Eckventil zum Schwimmerventil. Bei mittig montiertem Eckventil geht es im Spülkasten eng zu, hier empfehlen sich wegen der kleinen Biegeradien die flexiblen, edelstahlummantelten Schläuche. Ist das Schwimmerventil mit der Zuleitung verbunden, kann die gesamte Schwimmereinheit in den Kasten eingesetzt und der Trägerbügel in den vorgesehenen Nuten eingerastet werden. Beim anschließenden ersten Befüllen des Spülkastens wird an der Stellschraube, sie hebt und senkt den Schwimmer, die Füllmenge des Kastens zwischen sechs und neun Litern eingestellt. Die jeweilige Füllhöhe ist in der Styroporauskleidung gekennzeichnet.

In der Regel werden Spülkästen vor der Wand eingebaut. Aber auch für problematische bauliche Gegebenheiten gibt es Lösungen, spezielle Modelle lassen sich in Raumecken montieren. Steht in der Breite wenig Platz zur Verfügung, lassen sich schlanke Spülkästen montieren, die durch größere Bauhöhe das nötige Volumen erreichen.

WC-Sitze werden aus Kunststoff oder Holz gefertigt. Diese Materialien gewährleisten körpergerechte Formgebung und Hygiene, die porenfreien und glatten Oberflächen erleichtern die Reinigung. Bei den Luxusmodellen unter den WC-Sitzen lassen sich mittels einer Klippvorrichtung Sitz und Deckel aushaken, so wird bei der Reinigung auch der entlegenste Winkel erreicht. Besonderen Komfort bieten Sitze mit Absenkautomatik: Brille und Deckel klappen bei leichter Berührung leise und langsam herunter.

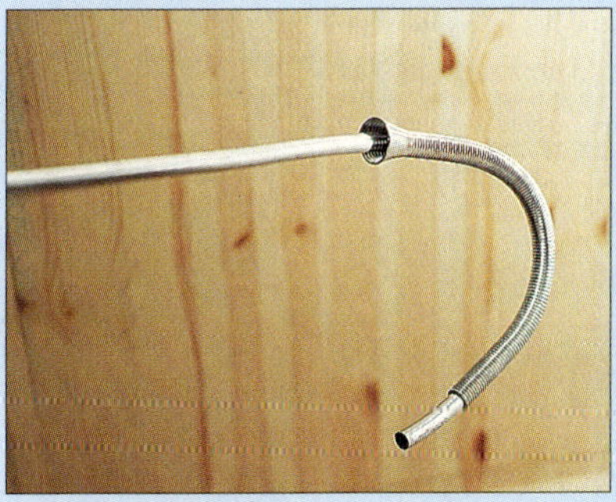

Die Biegefeder bringt verchromtes Rohr in Form.

Neben dem gezeigten flexiblen Schlauch wird für die Anbindung von wasserführenden Armaturen auch verchromtes Kupferrohr benutzt. Mit einer Biegefeder, erhältlich für Rohre mit 8, 10 und 12 mm Durchmesser, sind schöne Bögen mit dem weichen Kupferrohr kein Problem. Auch enge Radien lassen sich mit einer über das Rohr geschobenen Biegefeder ohne Knicke, die den Querschnitt reduzieren würden, herstellen.

***Das zugeschnittene Spülrohr** wird in den Anschluß eingeführt und die Überwurfmutter mit der Dichtung von Hand fest angezogen.*

***Mit einer flexiblen Leitung** wird die Quetschverschraubung des Eckventils mit dem Schwimmerventil des Spülkastens verbunden.*

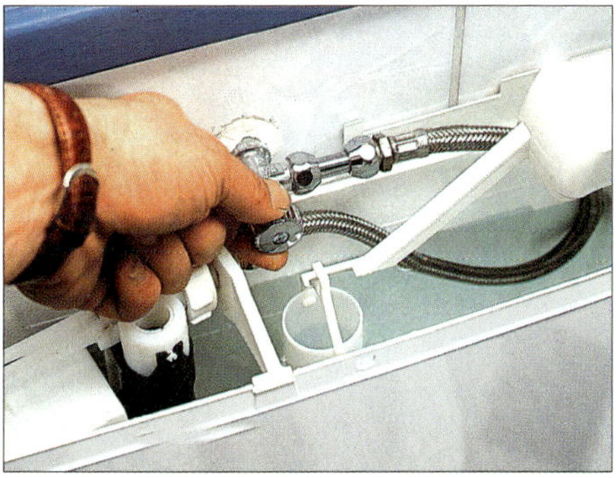

***Der Wasserzulauf** wird geöffnet und beim ersten Füllvorgang an der Stellschraube des Schwimmerventils die Füllmenge eingestellt.*

Mit einer Kabine wird das

Eine Duschkabine hoher Qualität dichtet perfekt ab, ist leicht sauberzuhalten und ein schöner Blickpunkt im modernen Bad.

Duschen zum Vergnügen

Drinnen spritzt das Wasser, nach draußen dringt kein Tropfen: Am Körper klebende Duschvorhänge adé, in einer Kabine duscht es sich viel schöner!

Vielleicht sind Sie es irgendwann leid, daß Ihnen der Duschvorhang am Körper klebt und rund um die Duschwanne sich auf dem Boden kleine Pfützen bilden. Dann, spätestens aber bei einer Modernisierung des Badezimmers, wird für die Duschwanne eine Kabine interessant. Den Standardlösungen mit braun eloxierten Profilen und strukturiertem Kunstglas stehen heute eine Vielzahl ansprechenderer Produkte gegenüber. Schlanke, in diversen Farbtönen lieferbare Profile und das beliebte Echtglas für die Trennwände eröffnen zahllose Möglichkeiten der individuellen Badgestaltung.
Die Einbausituation bestimmt die Form und die Größe der Duschkabine: Wird die Duschwanne in einer Mauernische aufgestellt, wird nur eine Tür benötigt. In kleinen Bädern wird die Installation von Dusche und Duschkabine häufig in einer der Raumecken vorgenommen, so bleiben noch zwei Seiten zu schließen. Das geschieht meist mit einer Schwingtür und einer festen Seitenwand. Ist der Platz für eine komfortable, weit ausladende Schwingtür nicht vorhanden, bieten sich platzsparende Gleit- oder Falttürsysteme an. Sie sind sowohl in Ausführungen mit Seiten- wie auch mit Eckeinstieg erhältlich. Um die Reinigung zu erleichtern, sind bei einigen Produkten die einzelnen Elemente untereinander auftrennbar oder aushängbar. So gelangt man auch an die verdeckt liegenden Führungsschienen.

Erster Montageschritt ist die Befestigung des Wandanschlußprofils der Seitenwand. Während der gesamten Montage wird die Wanne durch eine Pappe oder eine Decke geschützt.

An vier Punkten wird das Anschlußprofil mit der Wand verschraubt. Die markierten und gekörnten Punkte werden mit abgeschaltetem Schlagwerk für die Wanddübel gebohrt.

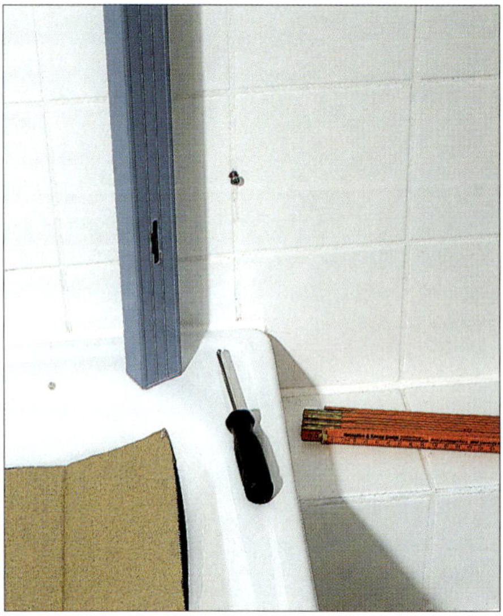

***Das Anschlußprofil** wird an den halb eingedrehten Befestigungsschrauben eingehängt. Mit der Wasserwaage wird das Profil lotrecht ausgerichtet und festgesetzt.*

***Die Glasseitenwand** und der Eckpfosten werden nacheinander auf das Profil geschoben. Stabil wird es erst nach der Montage des aussteifenden Bügels.*

Planung und Montage

Neben Grundmaß und -form der Duschwanne ist auch der Luftraum oberhalb wichtig: Unter Dachschrägen wird häufig eine (teure) Sonderanfertigung fällig. Weiterhin kann der Bewegungsraum unter Schrägen deutlich eingeschränkt sein, bei der gründlichen Planung des Badezimmers sollte nach alternativen Standorten gesucht werden.
Bevor es an die Montage der Kabine geht, den Bausatz auf Maßhaltigkeit und Vollständigkeit prüfen, die Aufbauanleitung gibt eine Übersicht der benötigten Teile.
Noch ein Tip: Glaswände und -türen und die farbigen Profile bis zu ihrem Einsatz an einem sicheren Ort, z. B. in einem der angrenzenden Räume, lagern. Leicht kann es sonst an einem beengten Einbauort passieren, daß ein herabfallendes Werkzeug irreparablen Schaden anrichtet.
Mit wenigen Werkzeugen gelingt die Montage: Wasserwaage, Gliedermaßstab, Schraubendreher und eine Bohrmaschine. Für die Versiegelung mit dauerelastischem Silikon noch eine Spritzpistole, die die handelsüblichen Kartuschen aufnimmt. Neben einem geeigneten Farbton – Silikon ist in den unterschiedlichsten Farben zu bekommen – muß das Produkt widerstandsfähig gegen Schimmelpilzbefall sein.
Die zu versiegelnden Fugen werden mit Spiritus entfettet. Das Dichtmittel mit feuchtem Finger (benetzt mit einer Mischung aus halb Spülmittel, halb Wasser) zur leichten Hohlkehle glattstreichen. Überschüssiges Silikon sofort entfernen! Die Aushärtezeit beträgt etwa 24 Stunden, in dieser Zeit darf die Duschkabine noch nicht benutzt werden – aber dann steht dem Duschvergnügen nichts mehr im Weg.

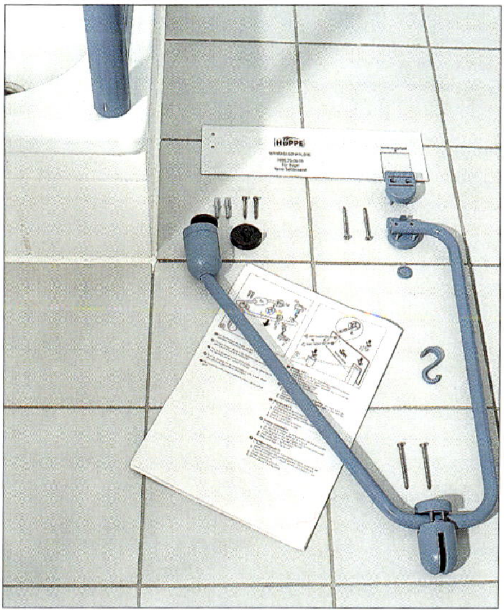

Sehr hilfreich *ist ein detaillierter Montageplan. Gute Anleitungen wie bei der „Studio 4000" sind nicht selbstverständlich, damit gelingt der Einbau sicher.*

Die beigelegte Pappschablone *wird mit der Ausstanzung über das Ende des Wandanschlußprofils geschoben, die angezeigten Bohrpunkte werden markiert.*

Der Körner *wird auf dem Bohrpunkt angesetzt und mit einem kurzen Hammerschlag der Ansatzpunkt für den Steinbohrer auf der Fliese markiert.*

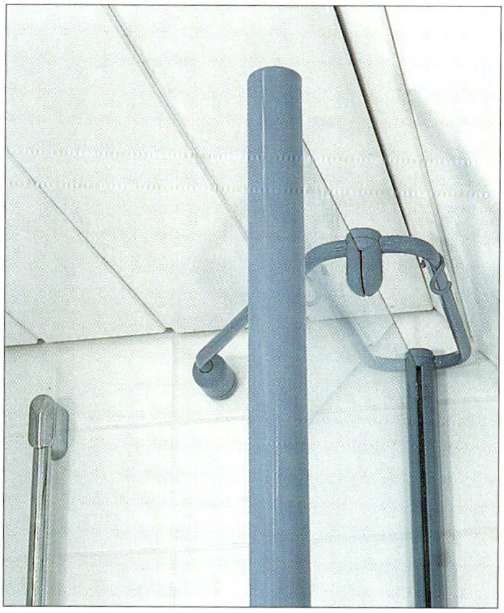

Der Bügel *fixiert die Seitenwand im rechten Winkel. Auf dem zylindrischen Querschnitt werden Haken aufgeclipst, die Duschlotion und Bademantel bereithalten.*

Die komplette Montage an einem Nachmittag

Die Wandleiste *mit der Aufnahme für die Schwingtür wird ausgerichtet und befestigt. Beim Anzeichnen die Fluchtlinie zum Eckpfosten beachten!*

Die Zapfen *der Türscharniere, je einer unten und oben, werden vor dem Einhängen der Schwingtür mit beiliegendem Fett versehen. Das sollte jährlich wiederholt werden.*

Am oberen Lager *wird die Tür parallel zum Anschlaggummi des Eckpfostens ausgerichtet und abschließend mit dem Schraubendreher festgesetzt.*

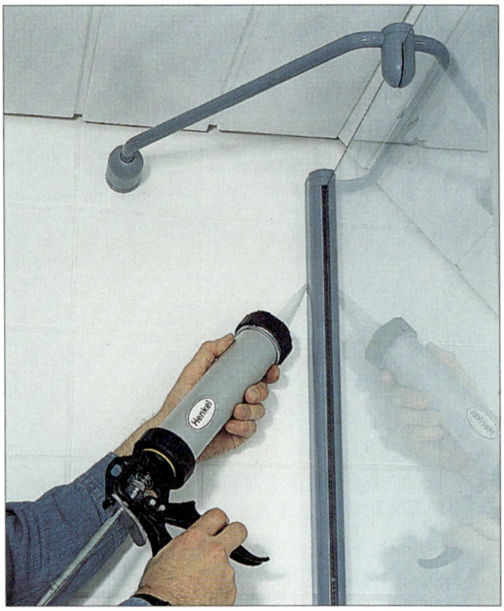

Mit dauerelastischer Dichtungsmasse *werden die entfetteten Fugen gegen Spritzwasser abgedichtet. Sofort nach dem Auftragen mit angefeuchtetem Finger glattstreichen.*

AEG
12 VOLT
POWERPACK
AEG
Total
geladen!
ie neuen AEG
kku-Bohrschrauber
S2E 12 T und
S2E 9.6 T
nit Mittelhandgriff
iberzeugen sowohl
n Leistung als auch
n der Ausstattung.
Mit Hochleistungs-
elektronik, QUICKSTOP-Motor-
remse, 7stufiger Drehmoment-
orwahl, synchronisiertem
weigang-Planetengetriebe,
chnellspannbohrfutter und vielem mehr...
12 VOLT
POWERPACK
12 MONATE GARANTIE
GÜLTIG AB DEM 01.10.1995 KAUFDATUM
Jetzt zum Einführungspreis incl. zweitem Wechselakku und 1-h-Impuls-Ladegerät
AEG – Werkzeug erster Klasse.

Ein komplettes Bad aus dem

Ein Badezimmer für gehobene Ansprüche, alles inklusive: Objekte, Armaturen und Zubehörteile für gerade mal 4000 Mark – so schön kann Sparen sein!

Eine großzügige Eckbadewanne aus Acryl, zusätzlich eine Dusche mit Türelement aus hochwertigem Echtglas, ein wandhängendes WC-Becken, ein rundes Einbauwaschbecken und natürlich das benötigte Zubehör, so wie unten abgebildet für 4000 Mark – und hier handelt es sich nicht um ein Paketangebot, bei dem die eine oder andere „Niete“ mitgekauft werden muß. Bei unserem Einkauf haben wir aus dem großen Baumarktsortiment ein maßgeschneidertes Bad zusammengestellt. Wenn Sie in Ihrem Bad aus Platzgründen auf eine Badewanne verzichten, wird es noch preiswerter. Und als Selbermacher sparen Sie auch noch eine Menge Geld, wenn Sie die Montagearbeiten selbst vornehmen.

Baumarkt selbst eingebaut

Dieses Bad kann sich sehen lassen: Mit guten Ideen und handwerklichem Geschick ist ein Raum mit unverwechselbarer Atmosphäre und viel Stauraum für Badutensilien entstanden.

Der **Einbauwaschtisch** wird auf dem

Alles aus dem Baumarkt: Waschtisch, Armatur, Spiegel, Leuchtstoffröhren und Holz für den Unterbau, preiswert eingekauft.

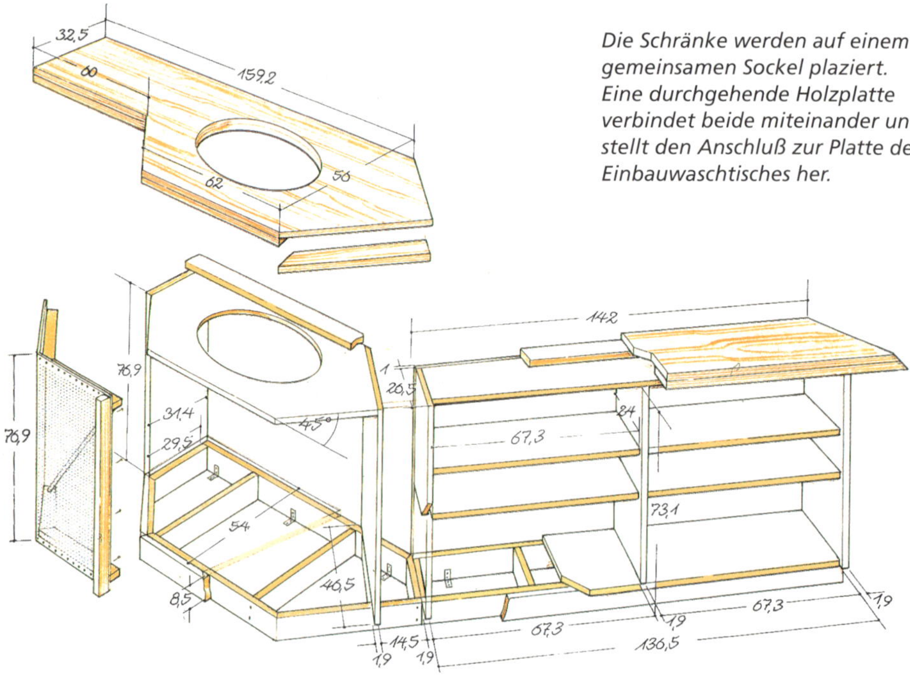

Die Schränke werden auf einem gemeinsamen Sockel plaziert. Eine durchgehende Holzplatte verbindet beide miteinander und stellt den Anschluß zur Platte des Einbauwaschtisches her.

maßgeschneiderten Unterbau plaziert.

Kein Möbel von der Stange

Wenn Sie Ihre Badmöbel selber bauen, können Sie den zur Verfügung stehenden Raum optimal nutzen. Egal, ob es darum geht, Raumnischen möglichst perfekt zu schließen oder Raumecken in die Gestaltung einzubeziehen, die nicht rechtwinklig sind: Mit standardisierten Möbeln kommt man häufig nicht weit, hier ist der Selbermacher gefordert.
Unser Bauvorschlag zeigt sehr anschaulich eine Lösung für einen verwinkelten Raum (s. Grundriß nächste Seite). Der Waschtischunterschrank und das Regal stehen auf einem gemeinsamen Sockel, der durch Winkel auf dem Boden fixiert ist. Das Regal ist ein einfacher, rechtwinkliger Korpus, der Unterschrank nimmt mit seiner Form den Verlauf der Wand auf. Die aus einzelnen Abschnitten zusammengesetzte Holzplatte als oberer Abschluß läßt die Konstruktion wie aus einem Guß erscheinen. Die abgewinkelten Schranktüren haben wir mit Lochblech bekleidet, ein Rahmen mit Diagonalverstrebungen gibt die nötige Stabilität.

Das Regal wird im Abstand von etwa 15 cm zum Unterschrank montiert. Die entstehende Lücke schafft Platz für Handtuchhalter.

Der Oberboden des Unterschranks und die Abdeckplatte werden mit Hilfe der beigelegten Schablone sauber ausgesägt.

Der Sockel aus beschichteter Spanplatte wird stumpf zusammengeschraubt, mit Keilen ausgerichtet und mit einer Blende versehen.

In dem Ausschnitt der lackierten Platte wird das Becken mit Krallen von unten befestigt und mit Sanitärsilikon abgedichtet.

Großer Wannenspaß auch für kleine Menschen: Viel Platz und gute Raumausnutzung mit Eckwanne.

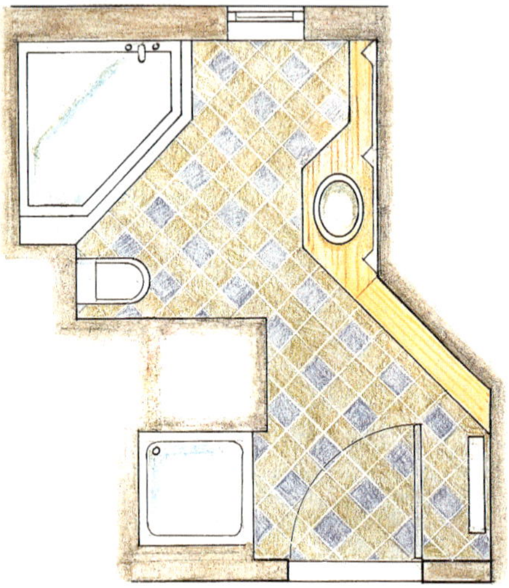

Die Einbausituation: *Aus dem verwinkelten Raum unter dem Dach ist durch geschickte Möblierung ein tolles Bad entstanden.*

Badewanne nach Maß

Vorbei die Zeiten, als für großzügige Badewannen exorbitante Preise bezahlt werden mußten. Neben der standardisierten Normalwanne, 170 oder 180 cm lang und 750 mm breit, werden heute zu erschwinglichen Konditionen eine Vielzahl von Formen und Sondergrößen angeboten. Badewannen sind im Zuge der Bemühungen um individuelle Badplanung längst zu variablen Elementen der Einrichtung geworden. Bei großem Raumangebot bieten sich frei stehende Varianten an, Eckwannen nutzen geschickt Raumreserven. Auch Kurzwannen und die neuen Kombiwannen – Badewannen mit ausgeformter Duschzone – bieten komfortablen Badespaß.

Neben der Oberfläche aus Emaille, als Überzug für Stahlblech- und seltener Gußkörper, ist immer mehr Acryl das Material, aus dem heute Badewannen gefertigt werden. Der Kunststoff bietet herausragende Möglichkeiten bei der Gestaltung körpergerechter und ungewöhnlicher Formlösungen. Durch die wärme- und geräuschisolierenden Eigenschaften entfallen zusätzliche Dämmstoffe. Das hautsympathische Acryl reflektiert die Wärme des Körpers und hält das Badewasser länger warm. Kalte Wandungen trotz heißen Badewassers, wie Sie es vielleicht unangenehm von einer Stahlblechwanne in Erinnerung haben, gibt es hier nicht.

Mit der Verteilung der Objekte im Sanitärraum beginnt die Planung des Bades. Badezimmer sind schwieriger zu planen als andere Räume im Haus. Hier geht es nicht nur um die Stellfläche und, bei Badezimmern unterm Dach, um ausreichende Stehhöhen in der Dusche und vor dem Waschtisch, sondern auch um die Lage der Zu- und Abläufe für die sanitären Elemente. Bei kleineren Modernisierungen werden vorhandene Anschlüsse in die Planung einbezogen, für eine tiefgreifende Umgestaltung werden Änderungen an Wasser- und Abwasserleitungen fällig. Dann lassen Sie sich am besten von einem Fachmann unterstützen, der die Anschlüsse entsprechend Ihren Wünschen versetzt. Die Vor- und Nacharbeiten können Sie durchaus selbst ausführen. Haben Sie alles komplett inklusive des Zubehörs eingekauft, ist weder die Aufstellung bzw. Aufhängung eines WCs noch die Installation von Waschtisch, Badewanne und Duschwanne nebst Trennwand ein großes Problem.

Hinter einer Gipskartonwand versteckt sich die Technik des Spülkastens, die Befestigungsbolzen tragen das wandhängende WC.

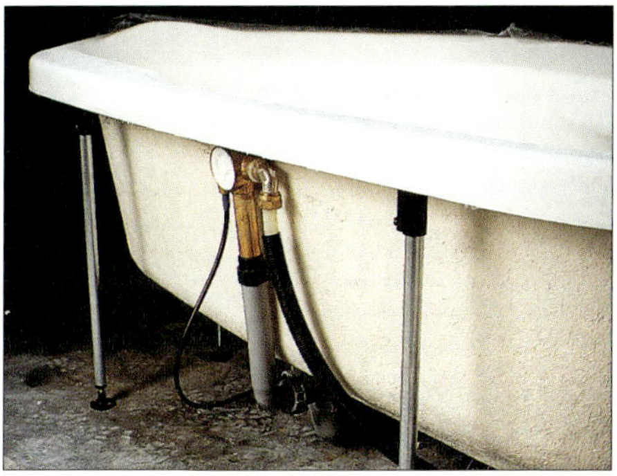

Spezielle Stützen tragen die große Eckbadewanne. Zum Ausrichten sind die Füße einzeln in der Höhe justierbar.

Auch Porenbetonsteine (10 × 25 × 50 cm) können die Wanne tragen und sind ideal zum Einmauern: Sie lassen sich sägen und kleben.

Bühnenreifer Auftritt

Auf den ersten Blick ungewöhnlich, doch sicher reizvoll: Die lebendige Oberfläche der Strukturtapete schafft ungewöhnliche Eindrücke.

Mit Tapete wird's wohnlich

Sie meinen, die Tapete sei nichts fürs Bad? Stimmt nicht: Richtig eingesetzt und gekonnt verarbeitet, ist sie durchaus eine haltbare Angelegenheit.

Möglicherweise haben auch Sie schon schlechte Erfahrungen mit einer sich lösenden Tapete im Badezimmer gemacht und trauen im Naßraum oberhalb des Fliesenabschlusses nur noch unverputzten, weiß getünchten Wänden. Das ist ohne Zweifel eine attraktive Lösung, nur verpassen Sie dann viele Möglichkeiten zu einer wirklich ungewöhnlichen Gestaltung Ihres Bads. Spritzwasser und Schwaden aus Dusch- und Badewasser zum Trotz: Mit einer feuchtraumtauglichen Tapete und einem speziellen Kleber sind auch im Badezimmer schöne Dekorationen der Wände machbar – und haltbar sind sie auch. Der Preis für Tapeten in „hoch waschbeständiger" oder „scheuerfester" Qualität ist naturgemäß etwas höher, der Wohnwertgewinn indes auch.

Materialien und Werkzeuge: Neben Tapete und Kleber noch Zollstock, Quast, Cutter, Lot, Tapezierschere, Lineal und Nahtroller.

Zum Ansetzen des Kleisters wird der Packungsinhalt in 5 Liter Wasser eingerührt, nach drei Minuten ist er gebrauchsfertig.

Mit einem Zusatz (zum Beispiel Ovalit von Henkel) wird der angesetzte Spezialkleister feuchtraumtauglich eingerichtet.

Wasserabweisend fürs Bad

Die hohe Luftfeuchtigkeit im Badezimmer setzt den Wandbelägen zu, eine herkömmliche Tapete würde durch das eindringende Wasser aufgelöst werden. Die hochdichte Oberfläche der von uns eingesetzten wasserabweisenden Strukturtapete verhindert das „Atmen" der Wände und die vorübergehende Speicherung überschüssiger Feuchtigkeit. Diese wichtige Funktion kann die Zimmerdecke übernehmen, deshalb wird hier auf eine Dekoration verzichtet.

Besonders sorgfältig muß der Untergrund vorbereitet werden, da auf der leichtglänzenden Oberfläche der Strukturtapete Fehler in der Wandbeschaffenheit deutlich zutage treten. Um das zu vermeiden, wird der Untergrund geglättet, Löcher mit Spachtel aufgefüllt und anschließend durch Schleifen egalisiert. Besonders gute Ergebnisse werden erzielt, wenn vor dem Aufbringen der Tapete eine spaltbare Makulatur verklebt wird. Sie ist der ideale Untergrund für die Tapete und erleichtert zudem einen späteren Tapetenwechsel.

Vor Beginn der Klebearbeiten wird mit Lot und Bleistift die senkrechte Markierungslinie für die erste Tapetenbahn angetragen.

Am Lotschlag entlang wird die erste Bahn auf die Wand gesetzt. Eine Gummiwalze sorgt für den nötigen gleichmäßigen Andruck.

Badezimmer zu ganz neuer Optik.

Bahn für Bahn *wird sauber auf Stoß geklebt. Die Nahtstöße werden angedrückt und mit dem Nahtroller gewalzt.*

Sauberer Deckenbeschnitt: *Ein Tapezierlineal oder Kunststoffspachtel wird in den Knick gedrückt und der Überstand abgetrennt.*

Die Bordüre *wird grob auf die benötigte Länge geschnitten und mit einem Schwamm befeuchtet, das hebt die Rollenspannung auf.*

Der spezielle Bordürenkleber *wird mit einer Heizkörperwalze aufgetragen. Durch Nadeln wird die Bordüre auf dem Tapeziertisch fixiert.*

Nach Ablauf der Weichzeit *kann die Bordüre auf der durchgetrockneten Wandtapete aufgebracht werden.*

Der Eckbeschnitt *der Bordüre wird wie beim Deckenbeschnitt der Tapete mit Kunststoffspachtel und Messer ausgeführt.*

Wasseranschluß für

Für den Anschluß die richtige Armatur: Zum Schutz des Trinkwassers ist dieses Ventil mit Rückflußverhinderer und Rohrbelüfter ausgestattet.

Wasch- und Spülmaschine

Vielfältig sind die Möglichkeiten, Wasch- und Spülmaschinen an die Wasserversorgung anzuschließen. Eine Übersicht der wichtigsten Armaturen.

Undenkbar ist heute eine moderne Haushaltung ohne die vielen kleinen elektrifizierten Helfer. Dazu zählen auch moderne Automaten wie Wasch- und Geschirrspülmaschine. Ein Aufstellungsort in der Nähe von Wasser- und Abwasseranschlüssen ist in der Regel immer vorhanden, geeignete Armaturen gibt es für die unterschiedlichsten Einbausituationen.

Alle gezeigten Anschlüsse werden auf Putz montiert, zur Montage sind keine Löt- oder Schweißarbeiten oder andere größere Eingriffe in das Leitungssystem nötig. Sie werden an bauseitig vorhandenen Übergängen mit Rohrgewinden installiert.

Wenn möglich sollte das Geräteventil im Sichtbereich installiert werden, bei einer Spültischbatterie mit integrierten Absperrventilen oder einem Untertischventil kann so schnell und einfach die Absperrung bei Nichtbenutzung kontrolliert werden. Das dient der Sicherheit und beugt unliebsamen Überraschungen vor.

Zum Schutz vor Rücksaugung sind die Armaturen mit Rücklaufsicherungen und teilweise Rohrbelüftern ausgestattet. Rohrbelüfter sind auch einzeln für den nachträglichen Einbau erhältlich. Rücksaugungen können dort entstehen, wo direkte Verbindungen von verunreinigtem Wasser mit dem Leitungsnetz bestehen. Bei Unterdruck wird durch die zugeführte Luft die im System befindliche Wassersäule unterbrochen und ein Rücksaugen in die Frischwasserleitung verhindert.

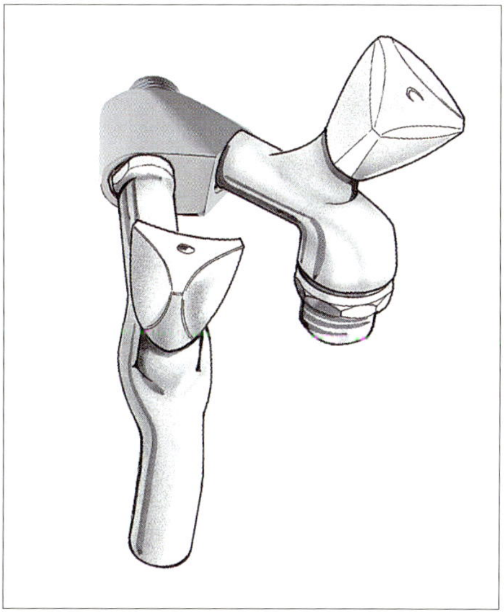

Einfaches Verteilerstück, das an einem Anschluß zwei Abgänge bereithält. So können beispielsweise ein Auslaufventil und ein Geräteanschlußventil installiert werden.

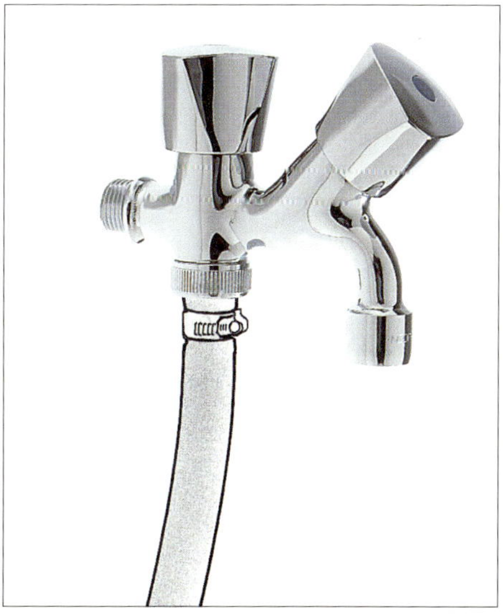

Kombination aus Zapf- und Geräteanschlußventil. Im Austausch gegen ein konventionelles Zapfventil wird Maschinenanschluß möglich, die Zapfstelle kann weiter genutzt werden.

Hoher Schutzfaktor:
Schäden durch geplatzte Wasserschläuche beugt der „Waterblock“ vor. Bei Wasserverlust schließt das Sicherheitsventil automatisch.

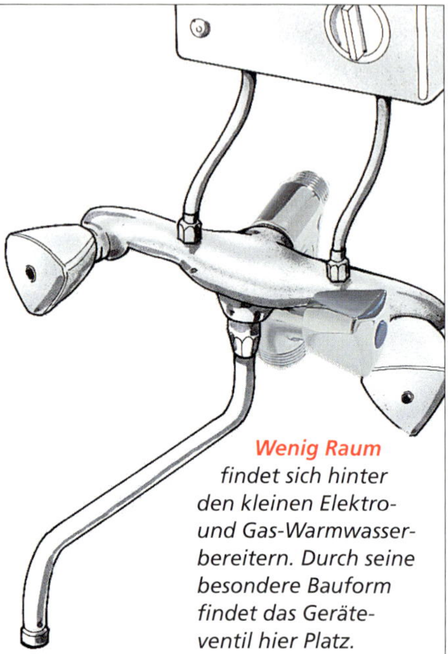

Wenig Raum
findet sich hinter den kleinen Elektro- und Gas-Warmwasserbereitern. Durch seine besondere Bauform findet das Geräteventil hier Platz.

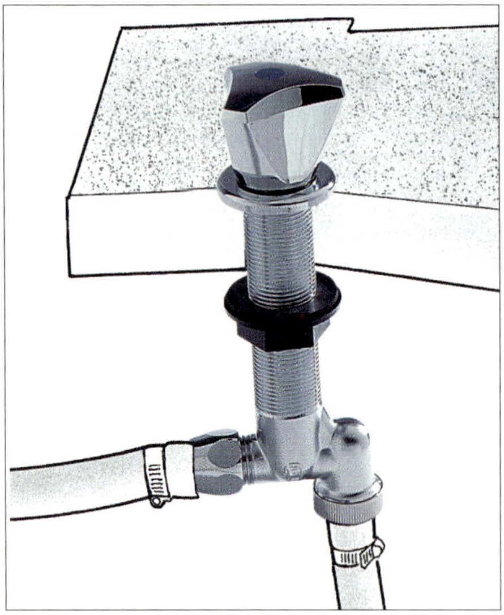

Ein Untertischventil *verbindet nicht sichtbar unterhalb der Küchenarbeitsplatte Zulauf und Maschine. Der Einbau ist bis zu einer Plattenstärke von 70 mm möglich.*

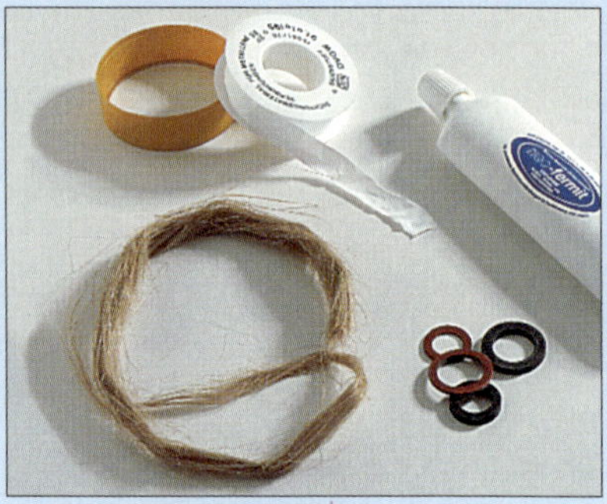

Damit wird's dicht

Wer kleinere Installationen im Haus wie beispielsweise den Anschluß von Wasch- und Geschirrspülmaschine selbst in die Hand nimmt, sollte eine Auswahl der gängigsten Dichtungen immer parat haben. Hanf, Neo-Fermit und Teflonband komplettieren das Sortiment.

Einbausituation gibt's die passende Lösung.

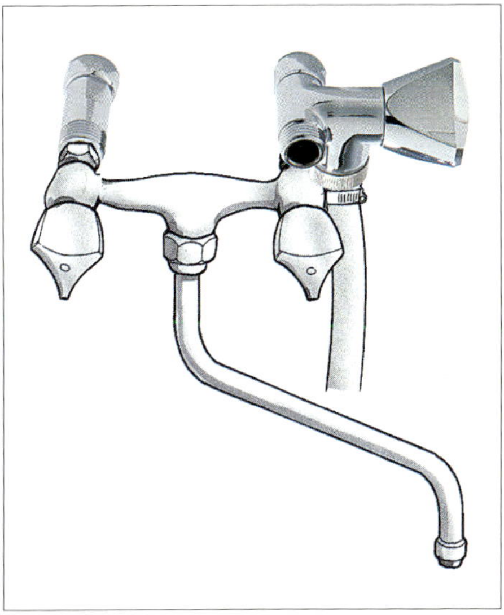

Spültischschwenkbatterien *finden sich häufig in Küchen älterer Wohnanlagen. Das passende Geräteventil wird im Set mit Distanzstück für den Warmwasseranschluß angeboten.*

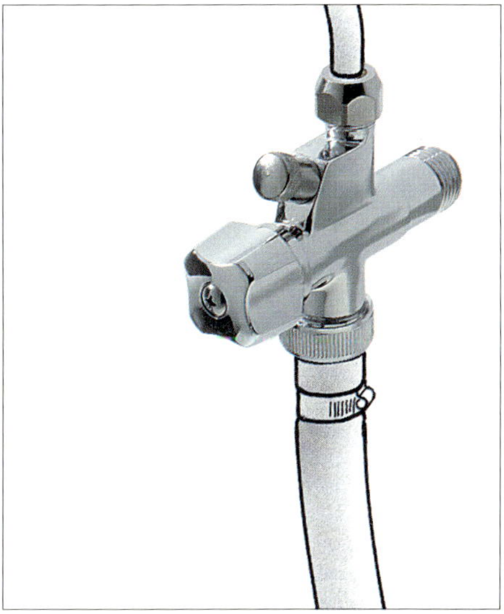

Unter Spüle *oder Waschtisch wird das Geräteeckventil installiert. Der Drehgriff regelt den Maschinenzulauf, unter der gerändelten Kappe sitzt die Absperrung für die Armatur.*

Spültischbatterie *mit Zusatzfunktionen: Im griffgünstigen Bereich am Armaturensockel befinden sich zwei weitere Absperrventile für Wasch- und Geschirrspülautomat.*

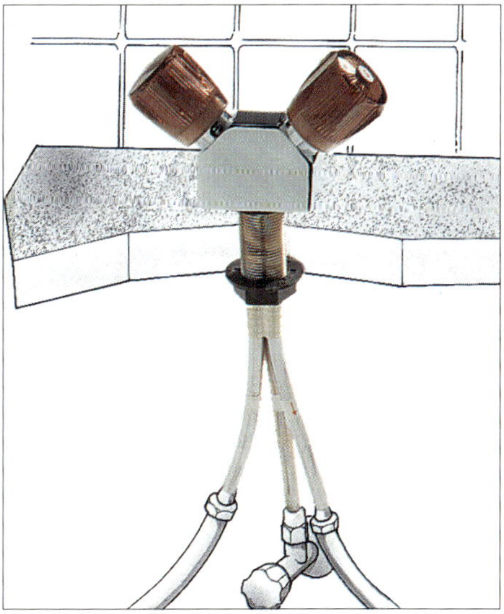

In einer Armatur *zwei Absperrventile für die Haushaltsmaschinen. Das Ventil in Untertischausführung kann in handelsübliche Arbeitsplatten eingelassen werden.*

Abwasseranschluß für

In modernen Haushalten ein Standard: Wasch- und Geschirrspülautomaten, die sich harmonisch in die Küchenzeilen einfügen.

Wasch- und Spülmaschine

Die Anforderungen an den Abwasseranschluß: zuverlässig dicht und unauffällig integrierbar. Eine Übersicht der Anschlüsse, die sicher das Abwasser ableiten.

Bis zu 75 Liter Schmutzwasser fallen beim Waschvorgang eines Waschautomaten an. Unsachgemäße Installation des Wasser- oder Abwasseranschlusses kann teuer werden: Neben dem Aufstellungsraum werden darunterliegende Räume und Gegenstände der Einrichtung durch die anfallenden Wassermengen in Mitleidenschaft gezogen, von dem bevorstehenden Ärger (auch mit den Nachbarn) ganz zu schweigen. Geben Sie sich nicht mit Provisorien zufrieden, geeignete Ablaufarmaturen für jede Einbausituation und Zubehör wie Dichtungen, Verschraubungen und Schellen sind problemlos im Handel bzw. Baumarkt zu bekommen.
Die einfachste Möglichkeit, die Waschlauge zu entsorgen, ist gleichzeitig die gefährlichste: den Ablaufschlauch mit Schlauchkrümmer über den Rand von Spülbecken, Waschtisch oder Wanne zu hängen. Leicht kann der Schlauch abrutschen oder das Ablaufventil durch einen Gegenstand wie beispielsweise einen unachtsam abgelegten Waschlappen verschlossen sein. Das führt unausweichlich zu einer Überschwemmung, die nicht einmal durch die Hausratversicherung abgedeckt ist.
Der Druck des abgepumpten Wassers ist zwar nicht hoch, doch sollten alle Verschraubungen gut angezogen sein. Die Überwurfmuttern von Ablaufgarnituren werden handfest angezogen. Legen Sie einen feuchten Lappen um die Verschraubung, so kann die Hand nicht abrutschen.

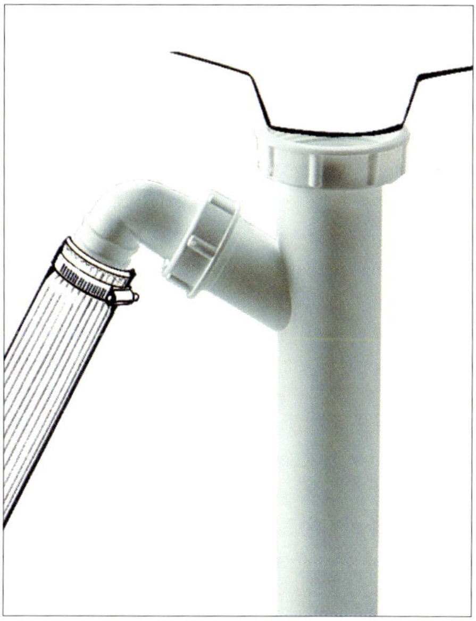

Das gerade Tauchrohr mit einem Schlauchanschluß wird einfach gegen das vorhandene Tauchrohr der Ab- und Überlaufgarnitur des Spültisches ausgetauscht.

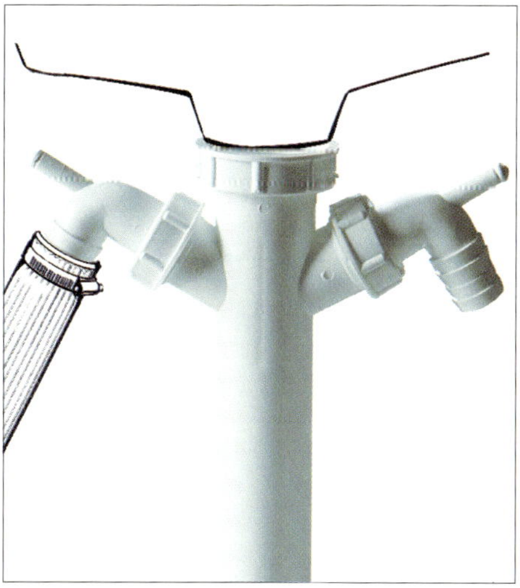

Doppelter Anschluß für gemeinsamen Ablauf von Wasch- und Geschirrspülmaschine. Wird vorerst nur ein Ablaufanschluß benötigt, kann eine Gummischeibe den zweiten verschließen.

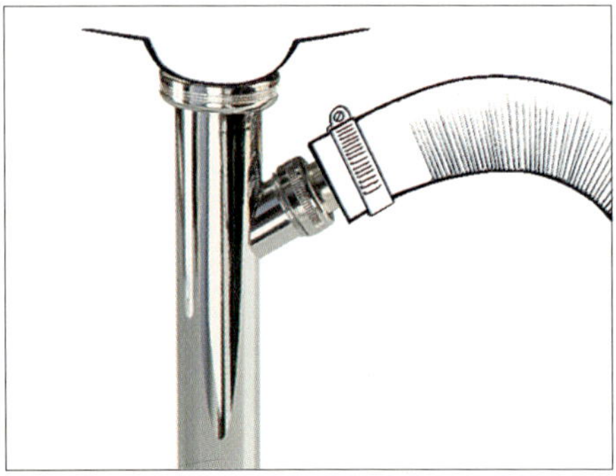

Auch unter dem Waschtisch läßt sich nachträglich ein Tauchrohr mit Anschluß für den Ablaufschlauch anbringen.

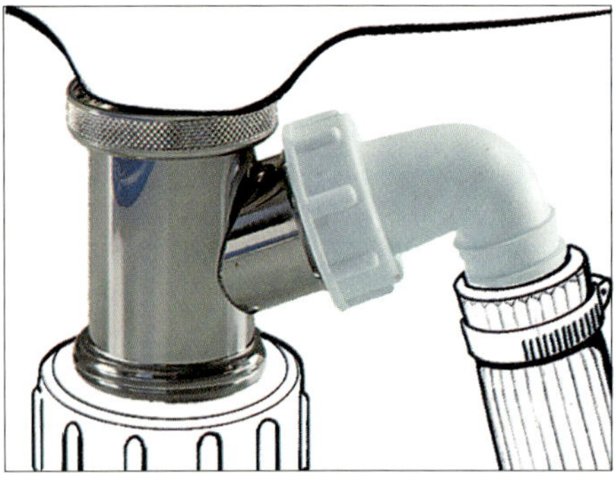

Ein Zwischenstück kann die gleiche Aufgabe übernehmen, das vorhandene Tauchrohr wird weiter in den Geruchverschluß geschoben.

Wirklich alles ganz dicht?

Da die Dichtungen relativ weich sind, reicht ein geringer Kraftaufwand beim Anziehen zum zuverlässigen Abdichten völlig aus.
Nach Abschluß der Installationsarbeiten werden die Verschraubungen des Geruchverschlusses auf Dichtigkeit geprüft. Dazu die Rohre und Verbindungen trockenwischen und eine größere Menge Wasser aus Spüle oder Waschtisch ablaufen lassen. Tasten Sie während dieses Vorgangs mit der Hand die Verschraubungen ab, so können Sie eventuelle Undichtigkeiten schnell ausmachen.
Dichtungen müssen plan auf den Dichtflächen liegen, sonst können sie sich beim Anziehen der Verschraubung aufrollen oder verschieben. Die flachen Gummidichtungen und die konischen Dichtringe der Quetschverschraubungen müssen vollkommen sauber sein, schon kleine Schmutzpartikel zwischen Dichtung und Sitz lassen Wasser passieren. Ganz sicher gehen Sie, wenn Sie vor dem Einsatz die Dichtungen mit Neo-Fermit bestreichen.

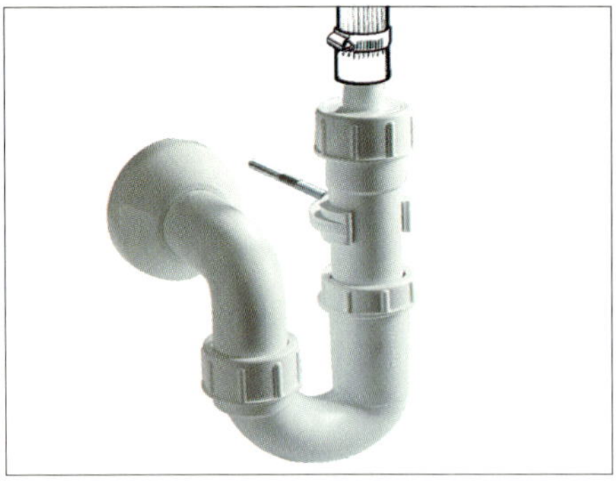

Eigener Geruchverschluß: Befindet sich kein Verschluß in Maschinennähe, wird diese Armatur ans Abwassersystem angeschlossen.

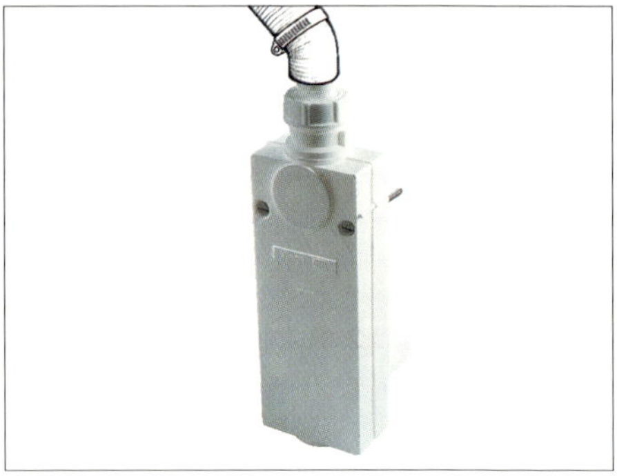

Kompakte Bauform des separaten Geruchverschlusses, der mit Schrauben und Dübeln vor der Wand befestigt wird.

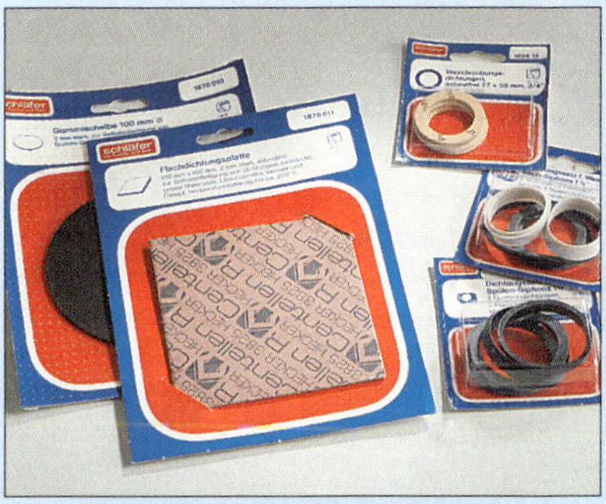

Dichtungen selbst gemacht

Nicht immer ist die passende Dichtung zur Hand, oder das benötigte Maß ist schwierig zu beschaffen: Hier hilft Dichtungsmaterial in Plattenform. Mit dem weichen Material können die erforderlichen Größen mit Schere oder Cutter selbst hergestellt werden. Eine kluge Ergänzung ist ein Sortiment Dichtungen der gängigsten Größen für Arbeiten an Wasser- und Abwasserinstallationen. Plattenmaterial und Dichtungssortimente kosten zusammen nur ein paar Mark, bewahren aber vor bösen Überraschungen nach Ladenschluß: Ohne passende Dichtung läuft nichts.

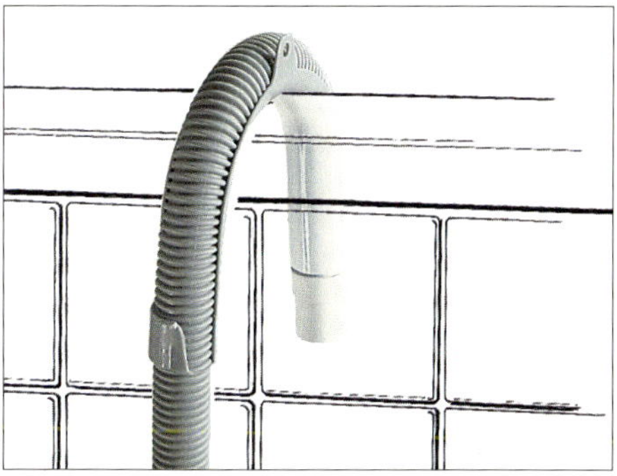

Keine Alternative *zu sicheren Anschlüssen: Diese Form der Laugenentsorgung ist nicht nur optisch störend, sie birgt hohe Risiken.*

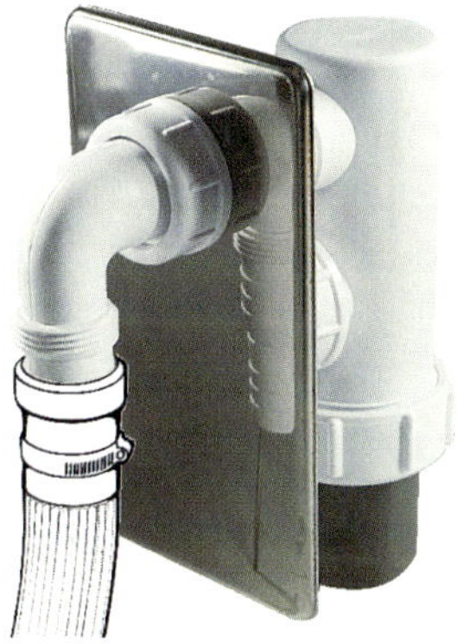

Unter dem Putz *wird dieser Geruchverschluß installiert. Auf Wandoberfläche oder Fliesen sind nur verchromte Deckplatte und Anschlußbogen sichtbar.*

Nichtbenutzte Anschlüsse *werden durch eine Scheibe verschlossen, beim Anschluß an vorhandene Verschlüsse unbedingt kontrollieren!*

Ein schweres Endstück *aus Blei sichert lose über den Waschtisch-, Spültisch- oder Wannenrand gehängte Schläuche.*

Ein guter Grund: „warmer

Das Temperiersystem für Fußböden: Auf Untergründen wie Estrich oder feuchtigkeitsbeständiger Spanplatte werden die Heizmatten aufgebracht und mit keramischen Fliesen belegt.

Boden" zum Nachrüsten

Laufen Sie auch so gerne barfuß auf wohlig warmen Böden? Diesen Luxus kann man auch nachträglich einbauen: ganz einfach mit einem Temperiersystem.

„Bevor ich im Badezimmer Eisfüße bekomme, lege ich doch lieber Teppiche auf den Boden." Als Notmaßnahme gegen eisige Füße sind die kleinen Teppiche häufig in Badezimmern anzutreffen. Aber warum hochwertige keramische Bodenfliesen verlegen, um sie hinterher mit Badezimmerteppichen abzudecken? Denn, mal ehrlich, sie sind weder schön noch besonders praktisch: Sie stören den optischen Eindruck, sie rutschen, und häufig waschen muß man sie auch.
Der nachträgliche Einbau einer Warmwasser-Fußbodenheizung kommt aus technischen und finanziellen Gründen in den meisten Fällen nicht in Frage. Doch kalte Füße in Bad, Küche und Wohnraum müssen trotzdem nicht sein, die Lösung: ein Fußbodentemperiersystem.

Schön warme Füße: *In wenigen Minuten wird mit dem Temperiersystem eine angenehme Oberflächentemperatur erreicht.*

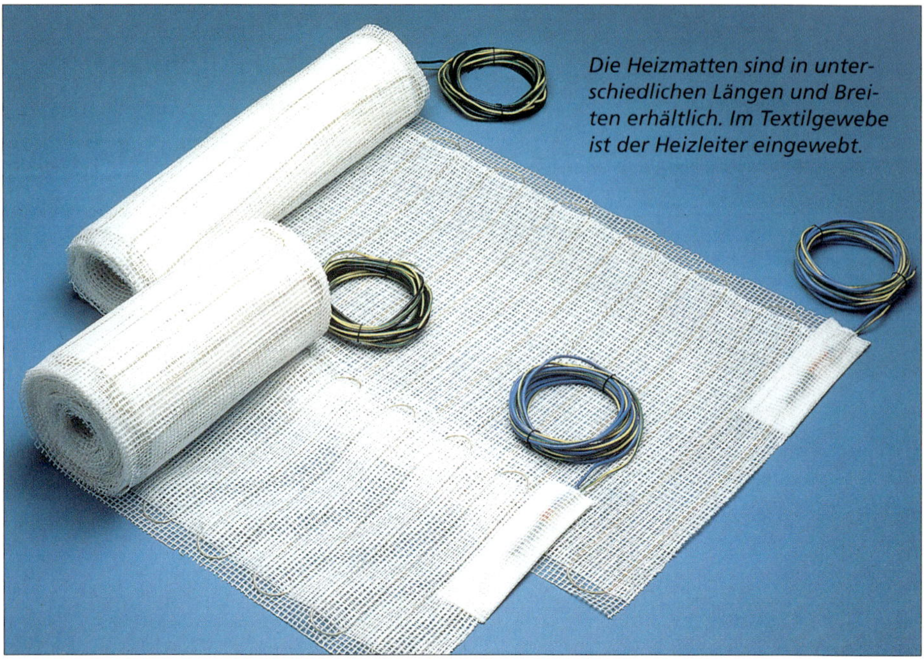

Die Heizmatten sind in unterschiedlichen Längen und Breiten erhältlich. Im Textilgewebe ist der Heizleiter eingewebt.

Mit einer Haushaltsschere *wird das textile Gewebe der Heizmatte den räumlichen Gegebenheiten angepaßt, beispielsweise bei ausgesparten Flächen an der Badewanne.*

Renovierung mit Thermoboden

Der Thermoboden (Hersteller AEG) ist genaugenommen natürlich keine Heizung, aber eine kluge Ergänzung einer bestehenden Anlage. Er ist bei Neubau und Renovierungen gleichermaßen eine sinnvolle Zusatzheizung, die in Problemzonen für für angenehme Temperaturen auf der Bodenoberfläche sorgt.
Herzstück des vorgestellten Systems sind Heizmatten, in deren Textilgewebe die Heizleiter eingebracht sind. Diese Leiter sind schutzisoliert und feuchtigkeitsbeständig. Für den elektrischen Anschluß an das Hausnetz (230 V Wechselstrom), der selbstverständlich in die Hände von Fachleuten gehört, sind an den Enden der Matten 4 m lange Anschlußleitungen. Hier liegt ein wesentlicher Vorteil des Systems: Unabhängig von von der zentralen Heizungsanlage kann das Temperiersystem,

z. B. auch an kühlen Sommertagen, betrieben werden. Ein weiteres Plus ist die geringe Aufbauhöhe, wie geschaffen für die Renovierung: Die Heizmatte ist nur 2 mm hoch, ein hohes Estrichbett entfällt. Für eine schnelle Aufheizung im Barfußbereich in Bad und Küche kommt eine Matte mit einer Anschlußleistung von 160 Watt/m² zum Einsatz, die Ausführung mit 100 Watt/m² Leistung ist für Beläge im Wohnbereich wie Teppichboden, PVC und Parkett geeignet.
Die Heizleitungen dürfen nicht verletzt, gequetscht, geknickt oder gekürzt werden. Wenn während der Verlegetätigkeit der Durchgangswiderstand mit einem Ohmmeter gemessen wird, sind Beschädigungen rechtzeitig auszumachen. Die Matte kann dann ggf. vor dem Aufbringen des Bodenbelags ausgetauscht werden. Die Matten vorbereiten und verkleben, die Leerrohre verlegen und den Temperaturfühler einbauen, das können Sie selber machen. Die elektrischen Anschlußarbeiten überlassen Sie dem konzessionierten Elektroinstallateur. Dann gibt es – ganz sicher – warme Füße.

Beim Verkleben der Heizmatten zeigt der Heizleiter nach oben. Beim Eindrücken in das Kleberbett muß darauf geachtet werden, daß die Heizdrähte nicht aneinanderstoßen.

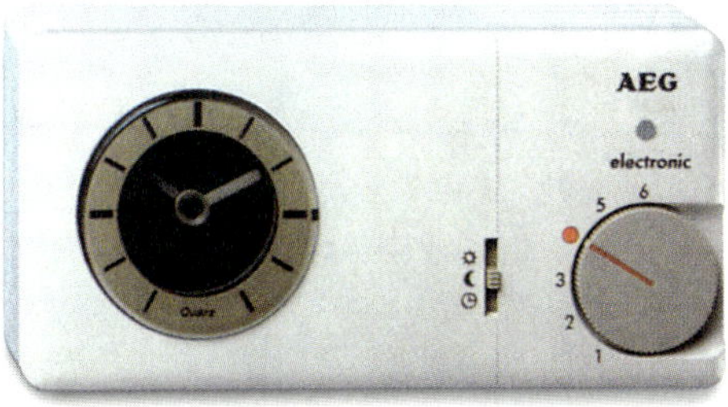

Programm für die Füße: hoher Bedienkomfort und zusätzliche Energieeinsparung wird mit dem Uhrenthermostat erreicht, Heizzeiten sind individuell programmierbar.

Auf den Heizmatten wird ein Spezialkleber aufgebracht. Fliesen- und Steinböden sind besonders geeignet, sie geben die Wärme als angenehme Strahlungswärme weiter.

Ein Spülkasten

Auf den ersten Blick ein ganz gewöhnlicher Spülkasten. Einzig die zweite Taste weist auf die technische Besonderheit hin.

der „dicke Luft" nicht mag

Schlechte Luft im WC-Raum ist ein Ärgernis, und das nicht nur für empfindliche Nasen. Abhilfe schafft ein Spülkasten, der belastete Raumluft einfach absaugt.

Keinesfalls immer leicht zu verkraften, wenn der vorherige Benutzer des WCs seine „Marke" im Raum hinterlassen hat. Je kleiner der Raum und je größer die Zahl seiner Nutzer, desto unangenehmer und häufiger die Belästigung durch Geruch. Sogenannte gefangene Räume, in denen kein Fenster zum Lüften geöffnet werden kann, halten die schlechte Luft über einen noch längeren Zeitraum. Abhilfe versprechen dezentrale Entlüftungssysteme, beispielsweise in Form wandhängender Lüfter. Durch Absaugen der Raumluft wird belastete Luft gegen Frischluft ausgetauscht. Besonders bewähren sich diese Systeme bei hohem Aufkommen von Wasserdampf, der durch das Duschen entsteht. Nachteilig ist der hohe Energieverlust, da bei dem Lüftungsvorgang während der Heizperiode kostbare Wärme verlorengeht. Technisch aufwendigere Systeme sind mit Wärmetauschern ausgerüstet, durch die im Idealfall bis etwa 60 Prozent der Raumwärme zurückgeführt werden.

Daß es auch viel einfacher sein kann, für gute Luft im WC-Raum zu sorgen, zeigt das geniale – und dazu noch preiswerte – Produkt der norddeutschen Firma Menge Sanitärtechnik. Beim WC-Entlüftungssystem wird die schlechte Luft dort abgesaugt, wo sie entsteht: in der Toilettenschüssel. Aufdringlicher Geruch kann sich gar nicht erst ausbreiten, die Luft bleibt frisch und die Raumwärme drinnen.

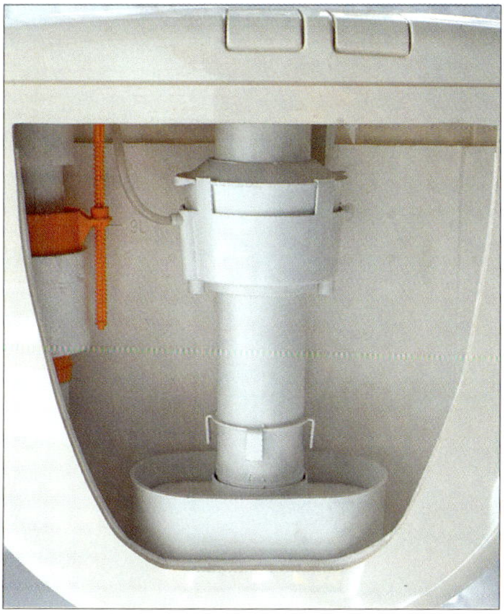

Der Schnitt durch den Spülkasten zeigt es: Im Mittelrohr unter der wasserdichten Abdeckung ist ein Elektromotor mit Lüfterrad verborgen, der belastete Raumluft absaugt.

Nach Absperren des Eckventils wird der alte Spülkasten entleert und Spülrohr sowie Zulauf demontiert. Dann kann er aus der Wandaufhängung gehoben werden.

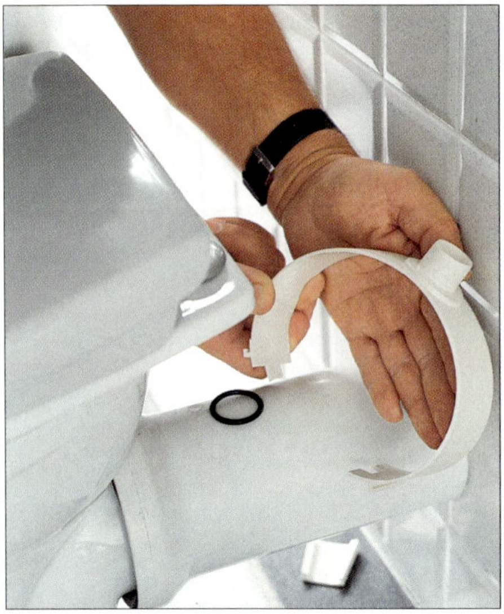

Mittels Adapterring wird der Anschluß an ein gerades Ablaufrohr vorgenommen. Für andere Einbausituationen wird ein 87°-Bogen mit Flansch für den Abluftschlauch mitgeliefert.

Der Flansch wird als Bohrlehre beim Aufbohren des Rohres genutzt, der passende Lochfräser gehört zum Lieferumfang. Wichtig: mit niedriger Drehzahl ausfräsen.

Technik: neuester Stand

Der Austausch des neuen gegen den alten Spülkasten ist eine Sache von wenigen Minuten. Und bei einem hoch hängenden Spülkasten empfiehlt sich ein Austausch ohnehin, da der Menge-Spülkasten selbstverständlich auf dem aktuellen Stand der Technik ist: Die Vollspülung ist zwischen sechs und neun Litern einstellbar, mit der Stopptaste läßt sich der Spülvorgang vorzeitig beenden.
Das Prinzip der Geruchsabsaugung ist so einfach wie wirkungsvoll: Im Mittelrohr des Spülkastens befindet sich der leise laufende Lüftermotor, der durch wasserdichte Kapselung geschützt ist. Die absaugte Luft wird am Lüfterrad vorbeigeführt und über den flexiblen Abluftschlauch direkt in die Abwasserleitung geführt. Ein eventueller Rückstrom oder Gerüche aus dem Abwassersystem werden durch einen Verschluß ferngehalten.
Die Installationsarbeiten unterscheiden sich nicht vom Einbau eines herkömmlichen Spülkastens, zusätzlich muß nur der Abluftschlauch angeschlossen werden. Der beigelegte Adapterring ermöglicht den Anschluß an einen geraden Ablaufstutzen, der benötigte Fräser liegt dem Set bei. Die justierbare Aufhängung des Menge-Spülkastens ermöglicht die Verwendung der Haken des alten Spülkastens, so entfällt sogar das Bohren neuer Löcher.
Der Lüftermotor wird aus dem mitgelieferten Steckertrafo mit ungefährlicher Kleinspannung gespeist. Das dünne, flexible Kabel wird nicht sichtbar in ausgekratzten Fliesenfugen eingebracht, die nach der Verlegung wieder aufgefüllt werden. Binnen kurzer Zeit wird aus einer einfachen eine Toilettenanlage mit Extra – einer wirkungsvollen Geruchsabsaugung.

mit eingebautem Lüftermotor macht's möglich.

Das Spülrohr *wird eingepaßt und mit der Feinsäge abgelängt. Dann den neuen Spülkasten einhängen, anschließend Spülrohr und Wasserzulauf am Füllventil anschließen.*

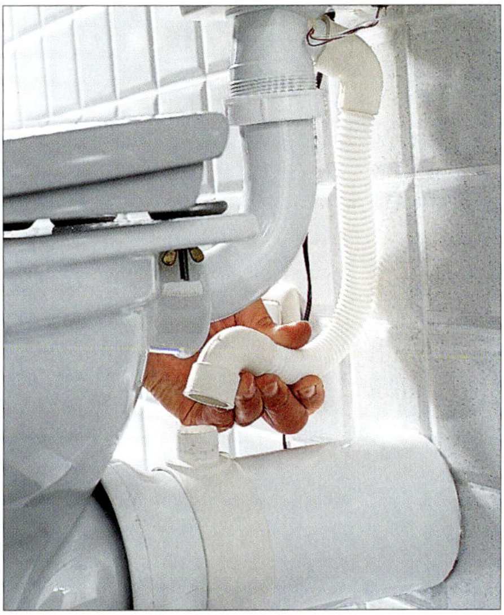

Der flexible Abluftschlauch *wird zuerst auf den oberen Flansch am Spülkasten aufgesteckt, dann auf den Stutzen bzw. Adapterring des Abflußrohrs.*

Die Kunststoffblende *wird beim Einsetzen aufgebogen und unter dem Kasten festgeklemmt. Sie verdeckt den Abluftschlauch und das Niederspannungskabel des Lüftermotors.*

Vor der Benutzung *des WCs wird die Lüftertaste (links) betätigt. Wird nach Beendigung der Sitzung die Spültaste (rechts) betätigt, schaltet der integrierte Lüfter automatisch ab.*

Fachmännische Reparatur

Einhebelmischer

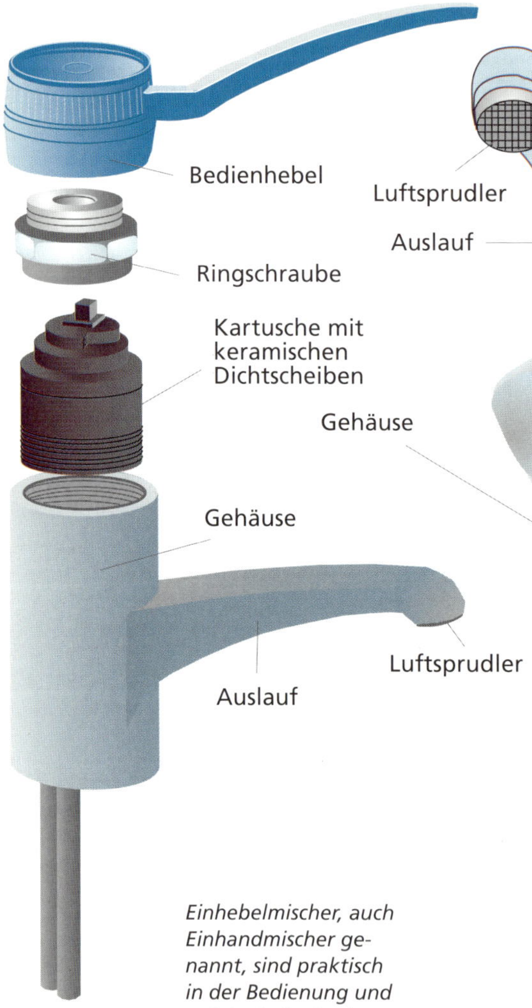

Einhebelmischer, auch Einhandmischer genannt, sind praktisch in der Bedienung und präzise beim Dosieren. Mit einer Hand werden Wassermenge und -temperatur reguliert. Einhebelmischer sind sparsamer im Verbrauch von Wasser und Energie.

Zweigriff-Mischbatterie

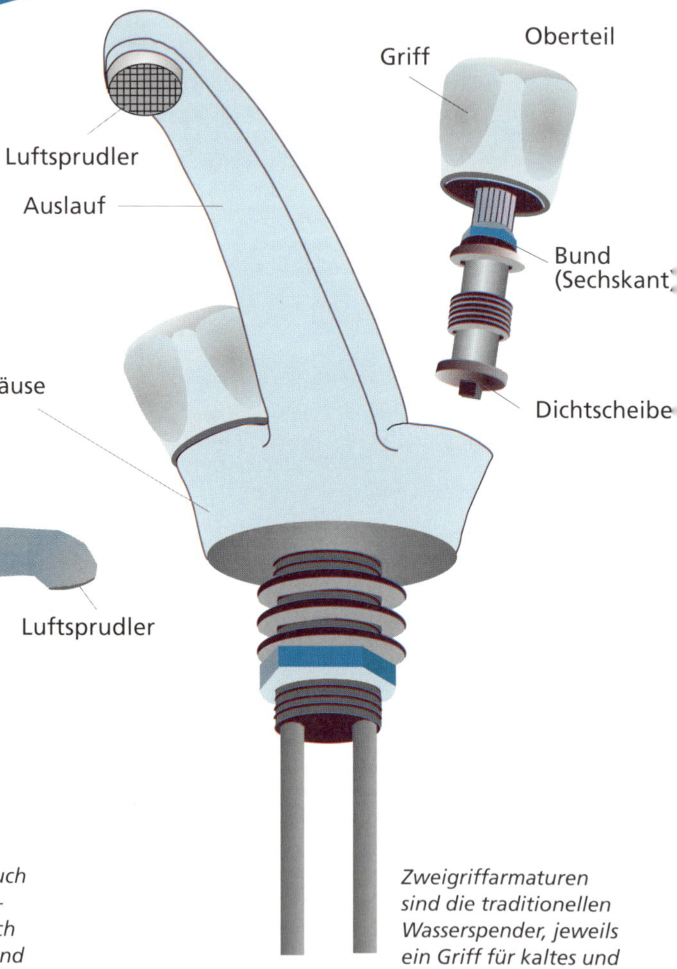

Zweigriffarmaturen sind die traditionellen Wasserspender, jeweils ein Griff für kaltes und warmes Wasser steuert die Wassermenge und -temperatur. Aus ästhetischen Gründen werden sie mitunter modernen und wassersparenden Einhebelmischern vorgezogen.

für tropfende Armaturen

Ein tropfender Wasserhahn ist ein Übel: Wasser und Energie werden sinnlos vergeudet. Die fällige Reparatur kann man leicht selbst ausführen.

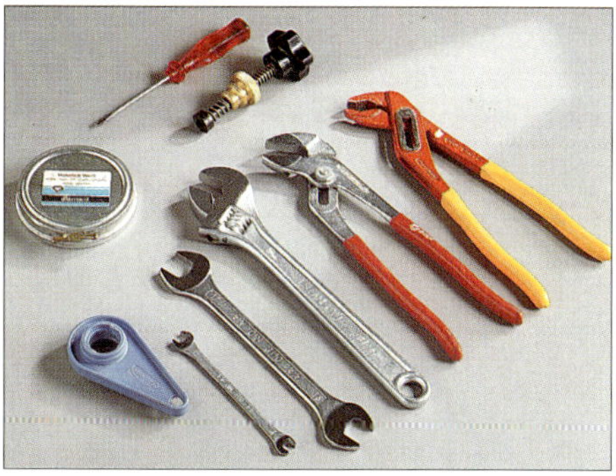

Das Werkzeug: *Hahnfett, Schraubendreher, Ventilsitzfräser, Zangen, Gabelrollschlüssel, Gabelschlüssel und Perlatorenschlüssel.*

Einen Handwerker für die Reparatur zu bemühen kann teuer werden. Mit wenigen Werkzeugen lassen sich Wartungs- und Reparaturarbeiten an wasserführenden Armaturen fachgerecht selbst ausführen. Der einfache Wasserhahn ist der Urtyp der Zulaufventile. In der Fachsprache wird er Zapf- oder Auslaufventil genannt. Alle Wasserzapfstellen im Haus arbeiten nach dem gleichen Prinzip: Eine Spindel – bei den komfortableren Einhebelmischern ein Kolben – wird mittels eines Bediengriffs bzw. eines Bedienhebels auf und ab bewegt und regelt so stufenlos die Entnahme des kalten oder warmen Wassers.
Die Spindel verbirgt sich im Hahnoberteil, dem Kernstück der Armatur. Bevor es an die Reparatur geht, muß zuerst das nächstliegende Absperrventil geschlossen werden. Der Bedienungsgriff der Armatur kann, je nach Fabrikat, durch Abziehen oder Abschrauben – an der Glocke befindet sich ein Sechskant – entfernt werden. Das geschieht am besten mit einer Armaturenzange mit Kunststoffbacken. Mit ihrem langen Hebelweg lassen sich auch festsitzende Verschraubungen materialschonend lösen. Nur in Notfällen sollten hochwertige Oberflächen von Armaturen mit einer gezahnten Zange angepackt werden, als Schutz dient dann ein untergelegtes feuchtes Tuch. Mit passendem Gabelschlüssel oder einem Gabelrollschlüssel wird das Ventiloberteil entgegen dem Uhrzeigersinn herausgedreht.

Nach Demontage *des Griffs kann das Ventiloberteil mit dem Gabelschlüssel entgegen dem Uhrzeigersinn herausgedreht werden.*

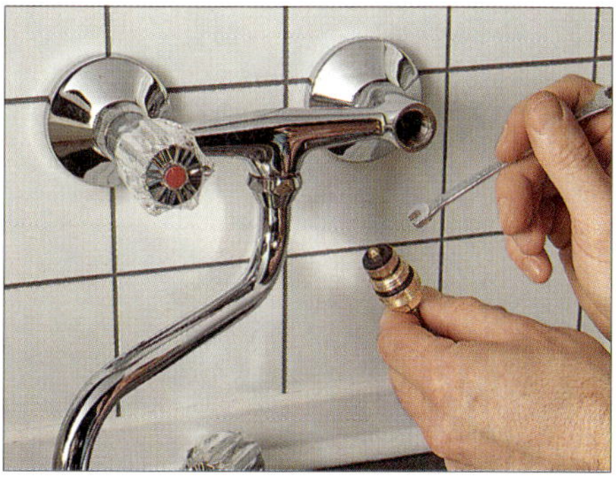

Ventiloberteil überprüfen: *Ist die Ventildichtung defekt, kann sie nach Lösen der Kronenmutter ausgetauscht werden.*

Schwergängige Ventile werden durch Hahnfett wieder gangbar gemacht, bei starker Abnutzung empfiehlt sich ein Austausch.

Nach Lösen der Überwurfmutter können der Schwenkauslauf abgezogen und die O-Ringe erneuert werden (Fett nicht vergessen).

Ablagerungen aus dem Leitungsnetz und Kalk setzen die Siebe des Perlators zu. Ein Vollbad in Essig oder Kalkentferner hilft.

Mit neuem Gummi geht's besser

Am unteren Ende der Spindel befindet sich die Dicht- bzw. Hahnscheibe aus Gummi. Ständiges Pressen auf den Dichtsitz beim Schließen des Ventils und die im Wasser enthaltenen Mineralien hinterlassen deutliche Spuren: Starke Deformierung und Kalkablagerungen unterbinden die zuverlässige Funktion. Nach Lösen der kleinen Sicherungsschraube oder -mutter kann die Hahnscheibe ersetzt werden. Bei dieser Gelegenheit sollte der Ventilsitz überprüft werden. Eine Sicht- oder Tastkontrolle gibt Aufschluß, ob er eine plane Oberfläche aufweist. Wenn nötig, werden mit dem Ventilsitzfräser Ablagerungen und Korrosionsspuren entfernt. Zwei bis drei Umdrehungen sind genug, keinesfalls sollte mehr Material abgenommen werden.
Bei Armaturen mit Schwenkauslauf kommt es mitunter vor, daß bei geöffnetem Zapfventil Wasser am Drehgelenk austritt. Hier muß die verchromte Überwurfmutter gelöst werden, dann kann man den S-förmigen Auslauf abziehen. Die neuen O-Ringe werden vor der Montage mit Armaturenfett eingerieben. Dieses spezielle Fett ist gesundheitlich unbedenklich und schützt die Dichtringe vor zu schneller Alterung, keinesfalls sollte anderes Fett verwendet werden.
Keramische Dichtscheiben von Einhebelmischern haben eine lange Lebensdauer. Tropft es aus dem Auslauf, kann durch mehrmaliges ruckartiges Öffnen und Schließen an den Scheiben angelagerter Schmutz ausgespült werden. Wenn es dann immer noch tropft, wird eine Demontage fällig. Je nach Fabrikat der Armatur gibt es im Handel komplette Dichtungssätze oder auch ganze Einsätze, die sogenannten Kartuschen, für die Reparatur der Armatur.

Für die Reparatur müssen die Bediengriffe vom Armaturenkörper entfernt werden. Der Griff links ist unter der Kappe verschraubt.

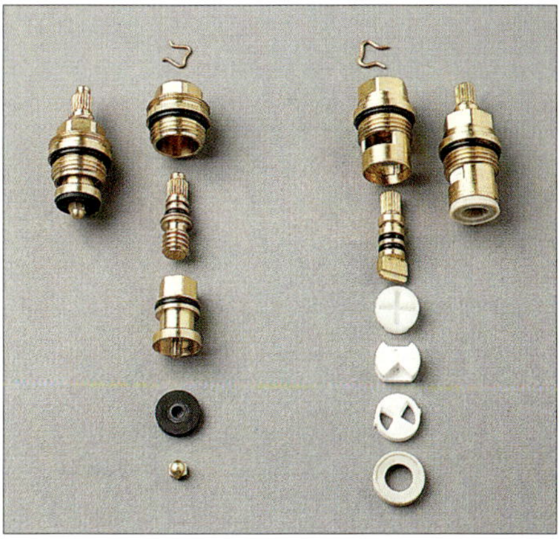

Weit verbreitet sind Ventiloberteile mit Gummidichtung, moderne Konstruktionen mit keramischen Dichtscheiben sind zuverlässiger.

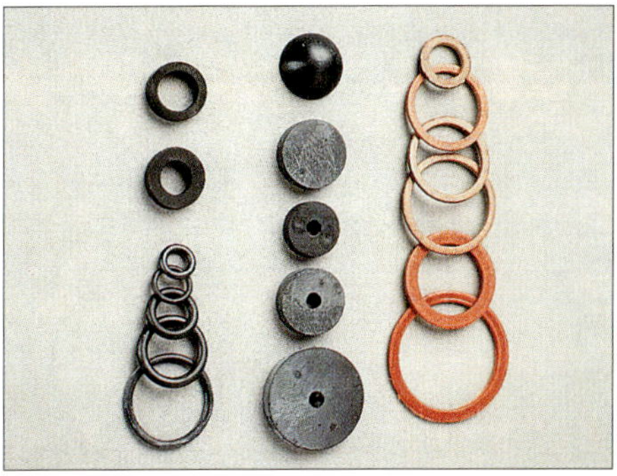

Die gängigen Dichtungen: links die O-Ringe, in der Mitte die Hahn- bzw. Ventilscheiben und rechts die Fiberscheiben.

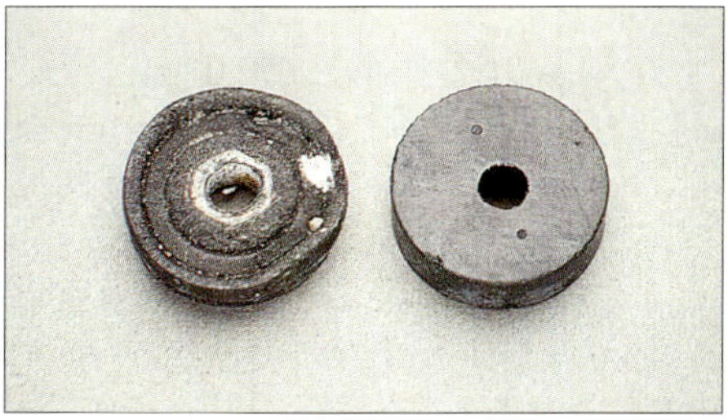

Mineralische Ablagerungen und jahrelanger Gebrauch hinterlassen ihre Spuren: Die stark deformierte Scheibe wird ausgetauscht.

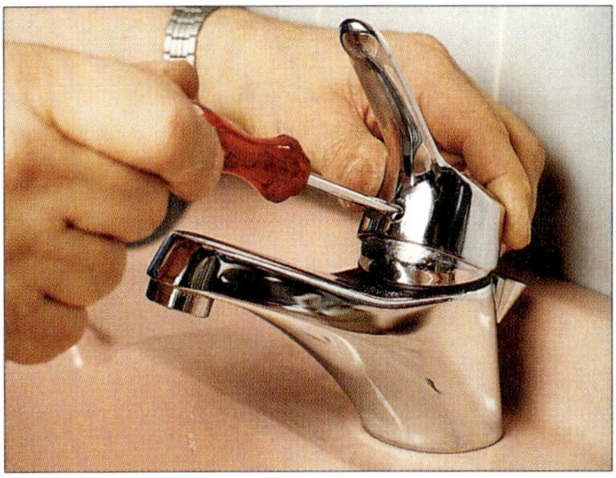

Bei modernen Einhebelmischern wird nach Lösen einer verdeckten Sicherungsschraube der Bedienhebel nach oben abgezogen.

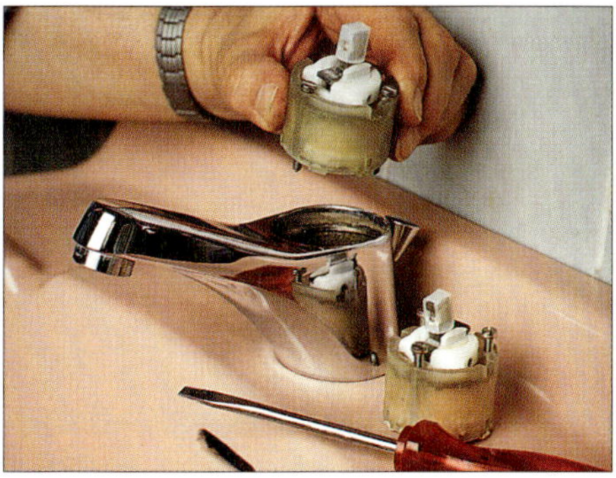

Je nach Fabrikat wird bei der Reparatur eines Einhebelmischers ein Dichtungssatz oder ein kompletter Einsatz fällig.

Duschen mit Thermostat:

Gleichmäßige Wassertemperatur und Ersparnis beim Wasser- und Energieverbrauch: Thermostatarmaturen machen sich bezahlt.

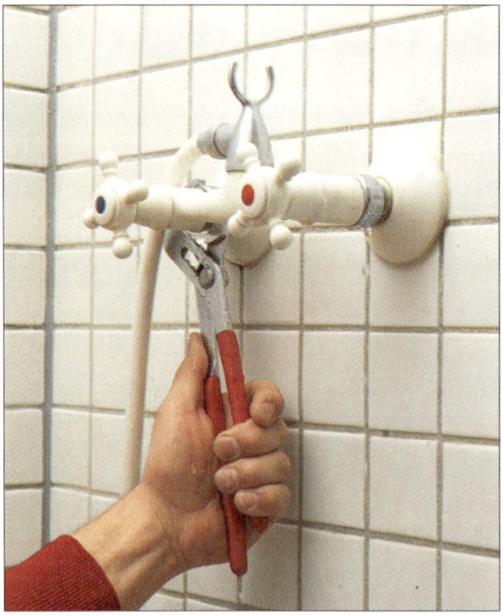

Sind die Zuleitungen für Warm- und Kaltwasser abgesperrt, werden die Überwurfmuttern an der alten Armatur mit der Armaturenzange (glatte Backen) oder Gabelschlüssel gelöst.

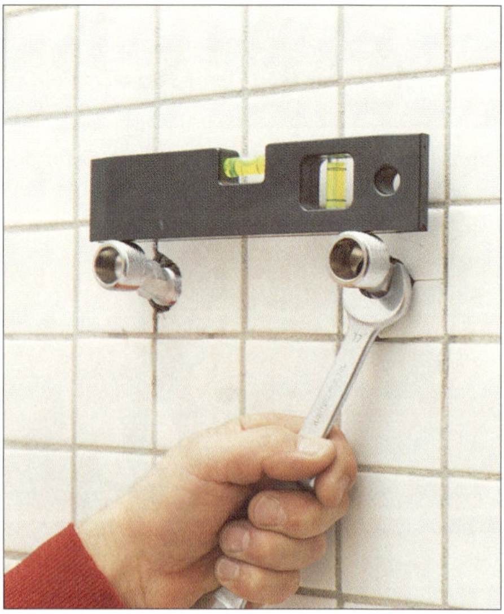

Die S-förmigen Anschlußbögen mit einer Drahtbürste von Dichtungsresten befreien und durch Drehen mit einem Gabelschlüssel ausrichten, anschließend Rosetten aufdrehen.

Schluß mit Wechselbädern

Ärgerlich, wenn es mal zu heiß, mal zu kalt aus der Brause strömt. Tauschen Sie einfach die alte gegen eine thermostatisch geregelte Duscharmatur.

Das kennen Sie sicher auch: Beim Duschen wird plötzlich das Wasser unangenehm kalt, beim eiligen Nachregulieren strömt das Wasser dann viel zu heiß aus der Brause. Das trübt die Freude am Duschen und kann schlimmstenfalls zu Verbrühungen führen. Und Kinder für die Körperpflege zu begeistern dürfte unter diesen Voraussetzungen beinahe unmöglich sein. Die Ursache liegt in Druck- und Temperaturschwankungen in der Wasserversorgung, und das bekommen Sie mit einer herkömmlichen Armatur, im wahrsten Sinne des Wortes, zu spüren.
Das technische Innenleben thermostatisch geregelter Armaturen kontrolliert das ankommende kalte und warme Wasser und stellt unabhängig von Druck- und Temperaturschwankungen in der Versorgung die am Skalengriff vorgewählte Auslauftemperatur zur Verfügung.
Achten Sie beim Kauf der neuen Armatur auf eine Ausstattung mit einem Verbrühschutz: Eine „Heißwasserbremse" – eine mechanische Verriegelung an der Temperatureinstellung – verhindert Temperaturen über 38° C, für die Reinigung der Dusche oder zum Befüllen des Putzeimers kann diese Sperre gelöst werden.
Der Einbau einer Thermostatarmatur macht sich schnell bezahlt: Einsparungen beim Wasserverbrauch von bis zu 40 Prozent sind keine Seltenheit, auch sinkt der Energieverbrauch merklich – und das bei diesem Komfortgewinn!

Beim Ansetzen der neuen Armatur die beiden Überwurfmuttern gleichzeitig von Hand aufdrehen und dann mit der Armaturenzange festziehen (Dichtungen nicht vergessen!).

Der neue Brauseschlauch wird am Mischwasserausgang der Thermostatbatterie mit der Überwurfmutter festgesetzt. Neue Dichtung verwenden!

So bekommen Sie verstopfte

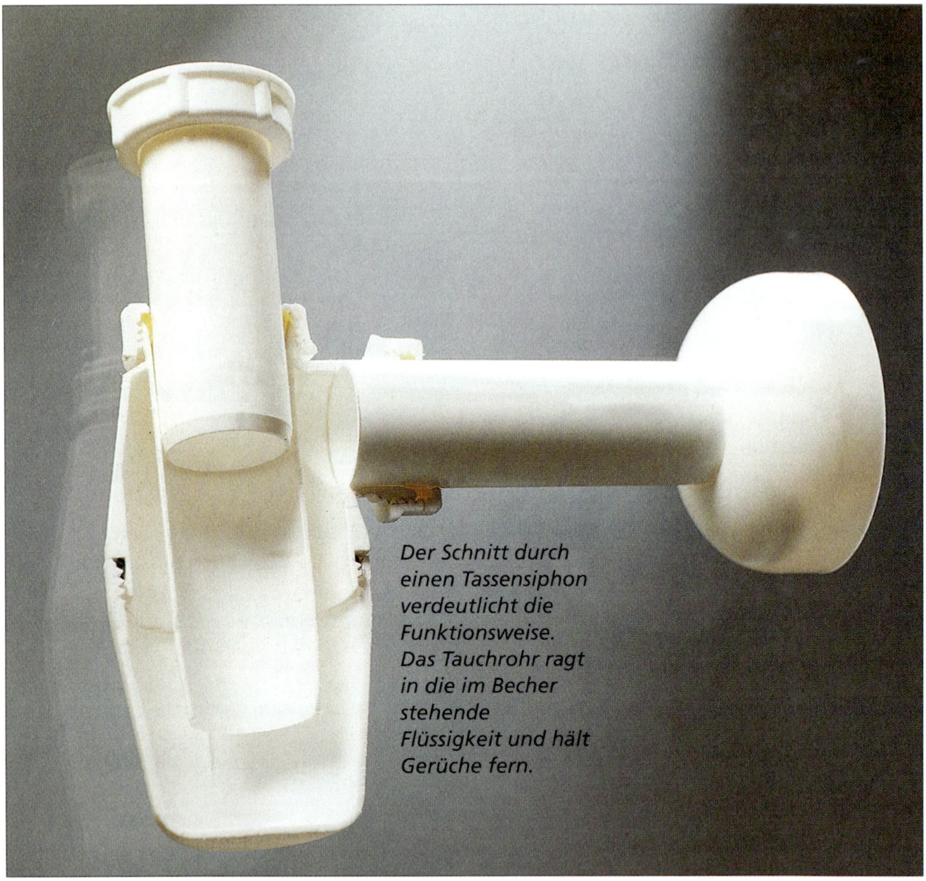

Der Schnitt durch einen Tassensiphon verdeutlicht die Funktionsweise. Das Tauchrohr ragt in die im Becher stehende Flüssigkeit und hält Gerüche fern.

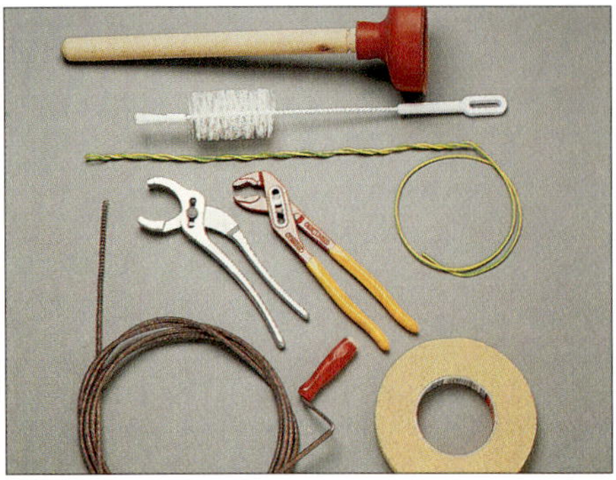

Diese Werkzeuge *sind geeignete Helfer. Eine Reinigungsfeder, links unten, wird bei Verstopfungen in Falleitungen eingesetzt.*

Erste Hilfe *am Waschtisch: Mit dem „Pumpfix" werden Ablagerungen gelöst. Den Überlauf zuvor mit Klebeband verschließen.*

Abflüsse wieder frei

Nur langsam läuft das verschmutzte Wasser am Wasch- oder Spültisch ab: Kein Problem für den Selbermacher, die Verstopfung zu beseitigen.

Ein Abfluß verstopft nicht plötzlich, er wächst langsam zu. Reste von Seifen, Haare und, am Spültisch, die Überbleibsel aus der Nahrungszubereitung sammeln sich im Geruchverschluß unter Spül- oder Waschtisch. Abhilfe verspricht der Einsatz der Gummipumpe, auch „Pumpfix" genannt. Durch die Bewegung entstehen Druck- und Sogkräfte, die die Ablagerungen lösen und mit dem ablaufenden Wasser fortspülen. Bei diesem Vorgang muß der Überlauf verschlossen sein, ein Lappen oder ein Stück Klebeband verhindert das Ansaugen von Nebenluft. Hat diese Maßnahme keinen Erfolg, demontieren Sie den Geruchverschluß und befreien die Rohrwandungen von Belägen und Verkrustungen. Sind die Wandungen sauber, ist die Reparatur dauerhaft erfolgreich.

Mit der Siphonzange *wird die Überwurfmutter gelöst. Ein kleiner Holzrest sichert den Röhrengeruchverschluß gegen Verdrehen.*

Nach Lösen *der Rohrverschraubungen kann der Bogen abgezogen werden. Ein untergestellter Eimer fängt das gestaute Wasser auf.*

Der Becher *des Tassensiphons wird mit Kreppband umwickelt. Auch festsitzende Gewindeverbindungen lassen sich so von Hand lösen.*

Mit Flaschenbürste, *heißem Wasser und fettlösendem Reiniger werden alle Ablagerungen entfernt und der Siphon wieder montiert.*

Kleine Inspektion an

Läßt sich der Antriebsriemen etwa 2 cm durchdrücken, ist die einwandfreie Übertragung der Motorkraft gewährleistet.

Wasch- und Spülmaschine

Bei pfleglicher Behandlung versehen sie jahrelang ihren Dienst. Mit kleinen Wartungsarbeiten können sie die Zuverlässigkeit noch erhöhen.

Wasch- und Geschirrspülmaschinen sind unentbehrliche Helfer im modernen Haushalt. Zählten Geschirrspüler vor nicht allzu langer Zeit noch als Luxus, sind sie heute zum gängigen Ausstattungsstandard in modernen Einbauküchen geworden.
Moderne Maschinen gehen sparsam mit Wasser und Energie um, der Wasserverbrauch eines Geschirrspülers ist nicht höher als beim Abwaschen von Hand, die eingesparte Zeit indes ist erheblich.
Wartung und Pflege der Wasch- und Spülautomaten sind nicht nur der technischen Zuverlässigkeit dienlich, sie tragen auch zum Werterhalt bei und helfen, teure Reparaturen zu vermeiden. Sind bereits Fehler aufgetreten, die Sie nicht auf Anhieb selbst lokalisieren und beheben können, sollte auf jeden Fall der autorisierte Kundendienst hinzugezogen werden. Eine nicht fachgerechte Behandlung der komplizierten Programmschaltwerke und Steueranlagen kann zu größeren Defekten und teuren Reparaturen führen.
Feiner Schmutz, Sand und Mineralien befinden sich in jeder Wasserleitung. Geraten diese winzigen Partikel in die feinen Düsen der Zulaufventile, kann das die Öffnungs- und Schließvorgänge der Ventile behindern. Im Wasserzulauf befinden sich feine Siebe, die die Fremdkörper zurückhalten. Diese Siebe können sich nach längerem Gebrauch zusetzen und müssen von Zeit zu Zeit gereinigt oder ausgetauscht werden.

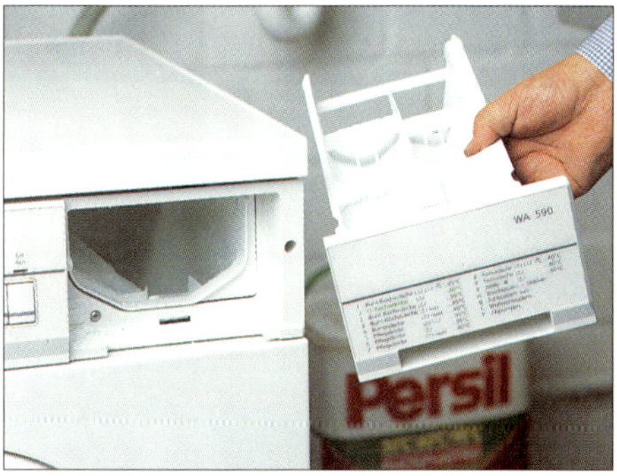

Reste von Waschmitteln im Einspülkasten verstopfen die Einspülöffnungen. Den Kasten herausnehmen und sorgfältig reinigen.

Die Vibrationen der Waschmaschine können Schraubverbindungen, z. B. am Türscharnier, lösen. Prüfen und eventuell nachziehen.

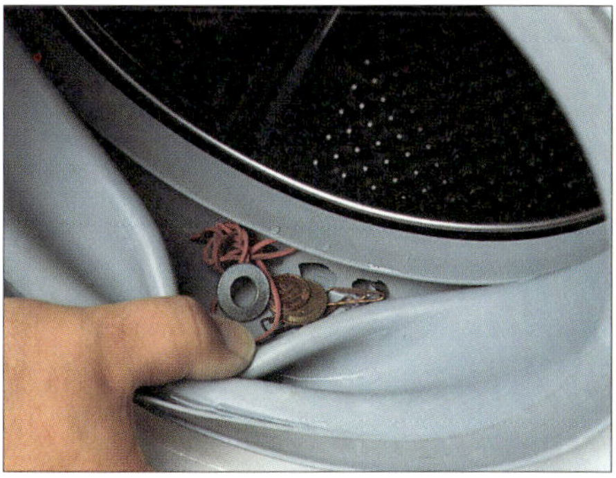

Metallische Teile, wie Geldstücke und Büroklammern, machen sich in der Trommel bemerkbar oder rosten in der Türdichtung.

Zur völligen Entleerung läßt sich bei einigen Fabrikaten das Restwasser im unteren Teil der Maschine durch einen Schlauch ablassen.

Das Flusensieb, häufig vorne im Sockelbereich, kann jetzt herausgenommen und von Flusen und Rückständen befreit werden.

Defekte Türdichtungen am Geschirrspüler müssen umgehend ausgewechselt werden, sie können aus dem Falz herausgezogen werden.

Funktionskontrolle und Wartung

Bei der Waschmaschine muß regelmäßig, etwa nach jedem zehnten Waschgang, das Flusensieb im Wasserablauf überprüft werden. Textilrückstände und Fremdkörper mindern die Durchflußmenge, die vom Programmschaltwerk vorgegebene Zeit reicht nicht aus, die Waschlauge vollständig abzupumpen. Die Folge sind unzureichende Wasch- und Spülergebnisse und nicht ausreichendes Schleudern der Wäsche.

Besonders aufmerksam sollte der Innenraum der Waschmaschine überprüft werden, hier finden sich häufig – bevorzugt aus den Hosentaschen von Kindern und natürlich Heimwerkern – Schrauben, Nägel und andere metallische Kleinteile. Verbleiben sie unbemerkt in der Maschine, gibt es beim nächsten Waschvorgang eine böse Überraschung: Diese Teile, die in die Trommel oder in den Faltenbalg der Türdichtung gelangt sind, rosten und übersäen die Maschinenfüllung mit Rostflecken, die auf hellen Textilien kaum entfernbar sind.

Die meisten Fette, mit denen es die Spülmaschine zu tun bekommt, sind bei der maximal erreichbaren Wassertemperatur von etwa 65° C lösbar. Andere Fette werden nicht so dünnflüssig, daß sie die feinen Maschen des Ablaufsiebs passieren können, sie verstopfen das Sieb. Das zugesetzte Feinsieb herausnehmen und mit kochendem Wasser, fettlösendem Spülmittel und einer Bürste bearbeiten.

Fäden und nicht lösliche Fasern setzen sich bevorzugt am Dreharm ab und behindern die rotierende Bewegung. Diese Arme sind meist nur aufgesteckt, nach der Säuberung können sie durch leichten Druck im Drehlager wieder eingerastet werden.

zuverlässigen Betrieb der Haushaltsmaschinen.

Die Dichtung *unter der Tür wird durch den anhaftenden Schmutz undicht, Reinigung oder Austausch schafft Abhilfe.*

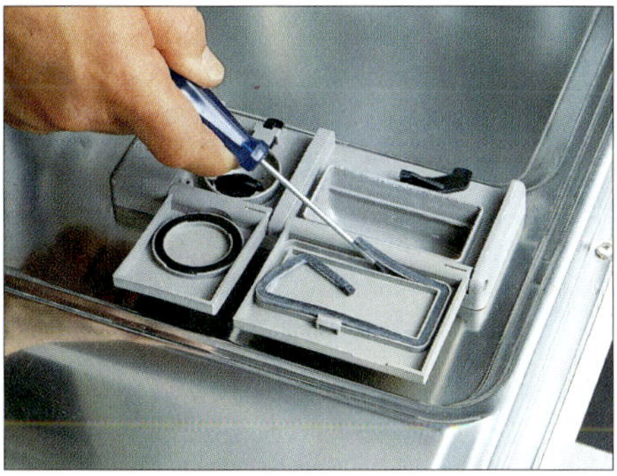

Mit dem Schraubendreher *wird die defekte Dichtung gelöst und der Dichtungssitz vor der Weiterbehandlung gereinigt.*

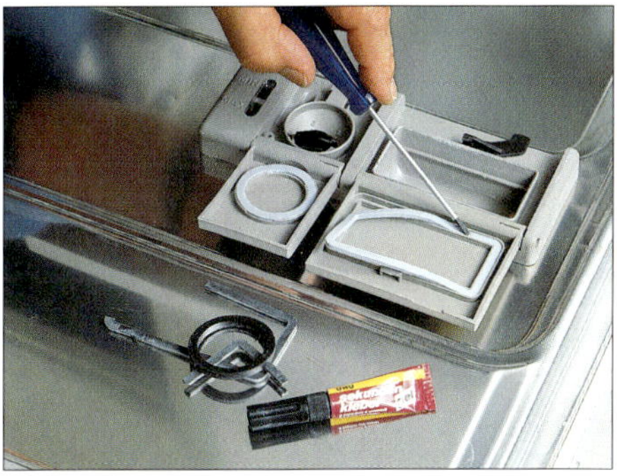

Mit Sekundenkleber *wird die Ersatzdichtung befestigt. In die Nut drücken und bis zum Trocknen des Klebers den Klappdeckel schließen.*

Die Feinsiebe *im Ab- und Umlaufsystem können sich mit Talg und Wachs zusetzen. In kochendem Wasser reinigen oder austauschen.*

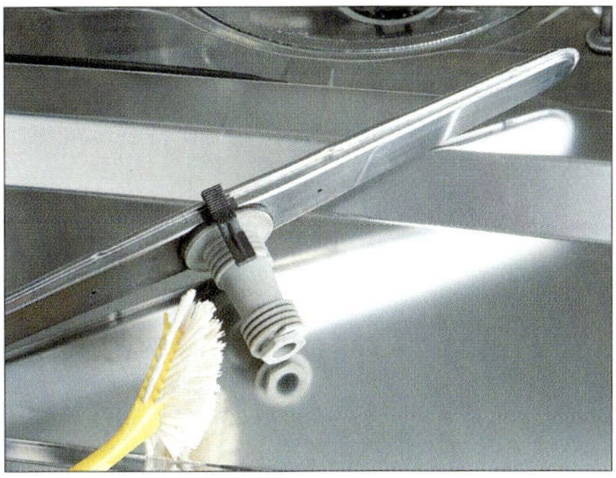

Das Drehlager *des Spülarms setzt sich leicht mit Fäden und Fasern zu. Den Arm herausnehmen und mit kräftiger Bürste reinigen.*

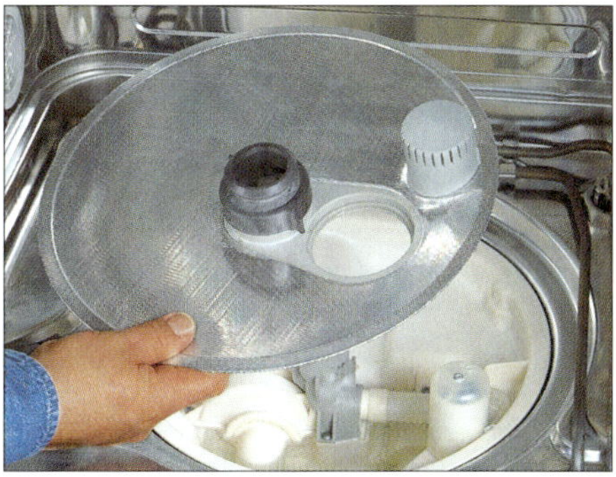

Das große Sieb *über dem Pumpenbrunnen sollte regelmäßig gereinigt werden, dabei den Brunnen auf Fremdkörper untersuchen.*

Nach drei Stunden strahlt

Kaum zu glauben, was aus der betagten Badewanne geworden ist: Nach der „Lackkur" präsentiert sie sich wie neu.

Die neue Farbe *für die alte Badewanne kommt als Komplettset in Dosen und Tüten. Scheuermittel, Abdeckband und Schleifpapier müssen zusätzlich beschafft werden.*

Der mitgelieferte Entkalker *wird in etwa drei Liter handwarmen Wassers aufgelöst. Vor Beginn der Arbeiten sollten die Armaturen abgedeckt oder demontiert werden.*

die Wanne in neuem Glanz

Häufig ist eine neue Badewanne die bessere Lösung. Doch preiswerter, sauberer und schneller ist eine Neubeschichtung – und die können Sie selbst machen.

Jahrelanger Gebrauch hinterläßt auch auf widerstandsfähigen Oberflächen seine Spuren: Kratzer, abgeplatzte Emaille und unansehnliche Verfärbungen verleiden den Spaß am Wannenbad. Der zunächst naheliegendste Weg, der Austausch der Badewanne, ist mit etlichen Hürden verbunden. Der hohe Arbeitsaufwand, das über einen längeren Zeitraum nicht oder nur eingeschränkt nutzbare Badezimmer, der anfallende Schmutz, zusätzliche Arbeiten wie das Abschlagen alter und das Anbringen neuer Fliesen und natürlich die Kosten für eine solche Sanierung halten die meisten Besitzer lädierter Wannen von einem Austausch ab. Eine überlegenswerte Alternative zur Totalrenovierung ist die Beschichtung mit Badewannenlack. Wer geübt ist im Umgang mit Pinsel und Lackierrolle, der kann die Beschichtung durchaus selbst vornehmen. So entsteht in kurzer Zeit eine Oberfläche, deren Aussehen mit der einer neuen Badewanne konkurrieren kann. Und in der Haltbarkeit steht sie originaler Emaille fast nicht nach. Der Erfolg der Beschichtung hängt wie bei allen Lackierarbeiten wesentlich von den vorbereitenden Arbeiten ab. Durch sorgfältiges Reinigen, Entkalken und Anschleifen der Oberfläche wird der richtige Untergrund für den Badewannenlack geschaffen. Damit das Ergebnis sich sehen lassen kann, ist es wichtig, daß das Badezimmer während der Bearbeitung und der Trocknungszeit staubfrei ist.

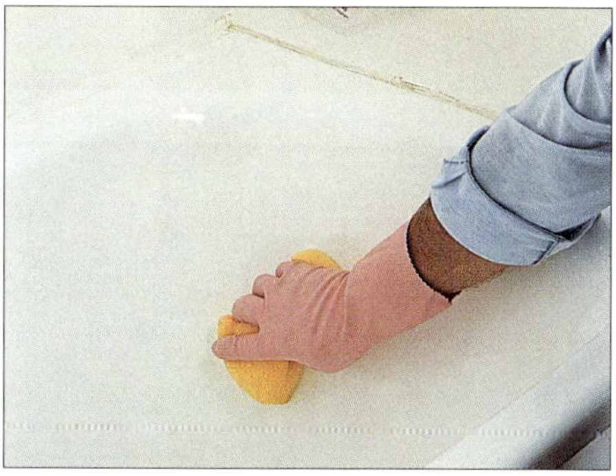

Die angesetzte Lösung wird auf alle Flächen mehrmals aufgetragen und nach der Einwirkzeit mit fließendem Wasser gut abgespült.

Das Scheuermittel auf der Oberfläche verteilen, mit Naßschleifpapier wird angeschliffen. Bei glatten Flächen hilft ein Schwingschleifer.

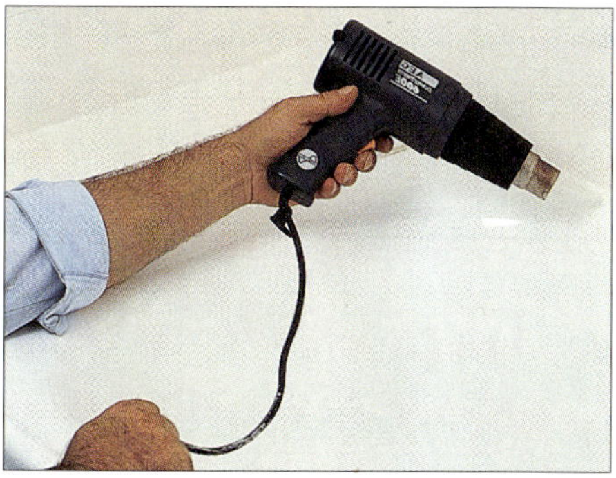

Nach Abspülen der Schleifrückstände muß die Wanne vor der Weiterbehandlung absolut trocken sein, Wärme verkürzt die Trockenzeit.

Mit Rührstab, Farbwalze und Pinsel

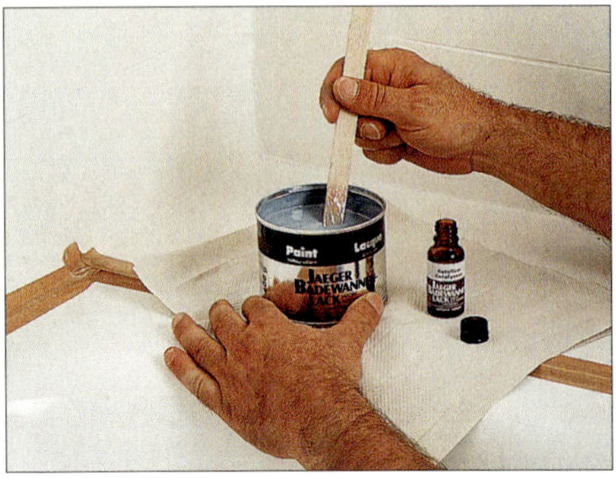

Härter und Lack *werden miteinander verrührt, nach Zugabe des Katalysators beträgt die Verarbeitungszeit etwa 40 Minuten.*

Der Lack *wird zügig mit einem breiten Flachpinsel aufgetragen und durch Längs- und Querstreichen grob verteilt.*

Sauber, trocken und staubfrei

Abgeplatzte Emaille oder tiefe Kratzspuren werden mit Epoxy- oder Polyesterspachtel egalisiert. Die Wannenoberfläche muß sorgfältig von Rückständen und Staub befreit und absolut trocken sein. Wenn Sie Textilien wie Handtücher und Vorhänge hinausbringen, bleibt der Raum auch während der Behandlung staubfrei. Äußerst wichtig für den Aushärteprozeß ist die Verarbeitung bei Raumtemperatur, etwa 20° Celsius. Steht die Wanne an einer schlecht gedämmten Außenwand, kann es bei kühler Witterung Probleme geben. Die unterschiedlichen Temperaturen im Wannenkörper können zu matten Stellen führen, warten Sie dann besser auf warme Tage.

Die Abdeckungen von Ab- und Überlauf werden demontiert, die Wannenfüllarmatur mit Folie abgedeckt. Die offene Zeit, der Verarbeitungszeitraum, beträgt 40 Minuten, nach fünf Stunden ist der Lack staubneutral. Während der gesamten Trocknungszeit von fünf Tagen darf kein Wasser auf die Oberfläche gelangen.

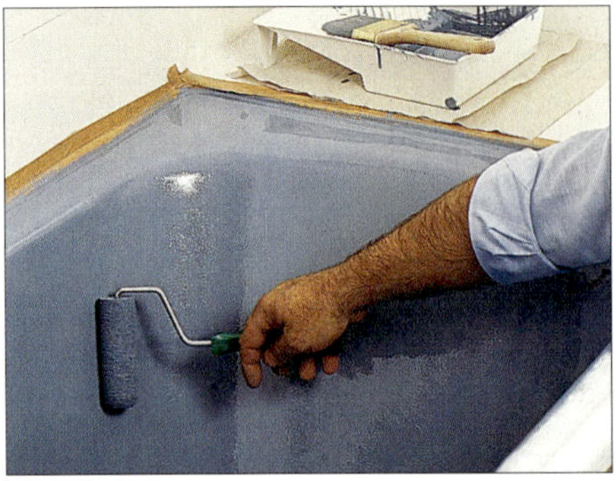

Mit der Farbwalze *wird weiterer Lack aufgetragen und vertrieben. Der vordere Rand der Wanne bleibt noch frei.*

Mit dem Flachpinsel *wird Strich neben Strich der aufgetragene Lack verschlichtet. Zuletzt wird der vordere Rand gestrichen.*

HEWI
Über 5000 Produkte in diesen Farben:
Schöner Wohnen.
WC-Bürstengarnitur, Polyamid, Arolsen 1996
Neuer Glanz für stille Örtchen. Sorgt durch schlichte Eleganz in jeder Toilette für ein wohnliches Ambiente. Nebenbei ist diese Toilettenskulptur auch hervorragend zum Reinigen des WC geeignet.
Weitere Informationen direkt von HEWI, 34442 Arolsen, Tel. 0130/134 136.

Fugen mit dauerelastischer

Übergänge auf sanitäre Einrichtungsgegenstände, besonders der Bereich an Dusch- und Badewannen, werden mit Silikon vor eindringendem Wasser geschützt.

Die alte Dichtung *wird entfernt: weiche Reste herausschneiden, harte herauskratzen. Mit Scheuersand und Bürste nacharbeiten.*

Für gute Haftung *der Dichtmasse werden Fugen und Flächen mit einem Primer vorgestrichen, die Trockenzeit beträgt eine Stunde.*

Dichtungsmasse schließen

Anschlußfugen im sanitären Bereich: Der dauerhafte Erfolg hängt, neben der Wahl geeigneten Materials, von der fachgerechten Verarbeitung ab.

Durch Pilzbildung mit schwarzen Flecken übersäte, durch Spannungsrisse herausgebröckelte und von Kalkablagerungen verunstaltete Fugen zwischen Wanne und Wand: Das ist nicht nur unansehnlich, sondern auch hygienisch bedenklich. Falsches Material oder schlechte Verarbeitung, die starken Temperatur- und Feuchtigkeitsschwankungen ausgesetzten Fugen an sanitären Einrichtungen müssen extremen Belastungen standhalten. Geeignete Dichtungsmassen sind im Handel unter Bezeichnungen wie „Sanitärsilikon“ oder mit Zusätzen zum Produktnamen wie „pilzhemmend ausgestattet“ zu finden. Der dauerhafte Erfolg hängt wesentlich von den Vorarbeiten ab, erst einmal müssen die Reste der alten Dichtmasse rückstandslos entfernt werden. Schraubendreher und Kittmesser für harte Rückstände, Cutter und ein Holzstab für elastische Fugenmassen sind geeignete Werkzeuge. Ist die Fuge soweit ausgeräumt, wird mit feinem Scheuermittel nachgearbeitet und mit Wasser gespült. Nach dem Trocknen die Fuge mit einem Staubsauger von Sand- und Zementresten befreien und alle Flächen, auf denen Silikon aufgetragen wird, mit Primer vorbehandeln. Nach einer Stunde Trocknung kann die Silikonmasse in die Fuge eingepreßt und mit dem Finger zu einer Hohlkehle ausgeformt werden. Wenn Sie die Aushärtezeit beachten, sind die behandelten Fugen dauerhaft dicht – und dauerhaft ansehnlich.

Die Silikonmasse aus Tube oder Kartusche in die Fuge pressen. Der entstehende Wulst ähnelt der Raupe einer Schweißnaht.

Mit leichtem Druck die Masse mit dem Finger (mit Spülmittel benetzen) glätten. Dann das Klebeband abziehen und nachglätten.

Schraubendreher, Kittmesser, Cutter und Stab zum Säubern der Fuge; Pinsel für Primer, Tesakrepp und Spülmittel zum Neuverfugen.

Heimwerkers Alptraum:

das angebohrte Wasserrohr

Selbst dem Profi kann solch ein Mißgeschick passieren. Ärgerlich, aber mit den richtigen Handgriffen und Lötgerät ist die Reparatur keine große Sache.

Endlich Zeit, die neue Schiebestange für die Handbrause und die Seifenablage an der Badewanne anzubringen. Den Bohrer in das Futter gespannt, behutsam mit abgeschaltetem Schlagwerk durch die Fliese und dann mit Schlag und hoher Drehzahl in die Wand – und schon ist es passiert: Aus dem Bohrloch spritzt Wasser heraus! Das ist ärgerlich, aber keineswegs so dramatisch, wie es auf den ersten Blick aussieht. Eine angebohrte Wasserleitung ist ein kleiner Schaden, der sich mit geringem Arbeitsaufwand schnell beheben läßt. Um Folgeschäden durch das austretende Wasser zu verhindern, muß möglichst schnell die Wasserzufuhr gestoppt werden. Ist im gleichem Raum ein funktionstüchtiges Absperrventil vorhanden, ist das eine Sache von wenigen Sekunden. Schwieriger kann es in Altbauten werden, die nicht dem allgemeinen Ausstattungsstandard entsprechen. Dann hilft nur noch, das Hauptabsperrventil im Keller zu schließen und die Mitbewohner zu informieren, daß die Wasserzufuhr unterbrochen ist. Zunächst wird das Rohr freigelegt. Einzelne Fliesen können durch gezielte Hammerschläge auf die Oberfläche gesprengt und sauber aus dem Verbund gelöst werden. Rund um die Schadstelle, auch hinter dem Rohr, wird das Mauerwerk ausgestemmt. Bei den Stemmarbeiten ist Vorsicht oberstes Gebot: Ein „Treffer" mit den Stemmwerkzeugen zieht sicher eine aufwendigere Reparatur nach sich.

Der erste Griff geht zur nächstgelegenen Absperrmöglichkeit, die bei älteren Anlagen außerhalb des Badezimmers liegen kann. Notfalls die Hauptabsperrung schließen.

Nach Absperrung der Wasserzufuhr an einer Entnahmestelle hinter der Schadstelle die Leitung vollständig entleeren, Restwasser würde die Lötarbeiten behindern.

Mit Hammer und Meißel die Fliese über der Schadstelle entfernen. Vorher wird die Fliese mit Hammerschlägen „gesprengt", so läßt sie sich leichter aus der Fliesenwand lösen.

Liegt das Rohr frei, wird die Oberfläche rundum gesäubert. Mit einem Streifen Schleifpapier gelangt man auch an die rückwärtige Wandung. Ist das Rohr mit einem Lötpunkt verschlossen, wird wieder Wasserdruck auf die Leitung gegeben und die Reparaturstelle geprüft. Mit dem Schließen der Wand kann erst begonnen werden, wenn sie völlig trocken ist. Bei stark durchfeuchteter Wand lassen Sie das Mauerwerk einige Tage austrocknen, verputzen nach der Trocknung die Wand und setzen mit Kleber die Ersatzfliesen an. Sind die Fliesen verfugt, ist dieses Mißgeschick bald vergessen – und beim nächsten Einkauf im Baumarkt liegt ganz sicher ein Metalldetektor im Einkaufswagen.

Rund um die Schadstelle wird das durchfeuchtete Mauerwerk, auch hinter dem Rohr, sauber ausgestemmt. Großflächiges Ausstemmen erleichtert die Reparatur.

Vor dem Löten das Rohrstück rund um die Leckstelle sorgfältig reinigen. Mit einem Streifen Schleifpapier das Kupferrohr metallisch blank schleifen.

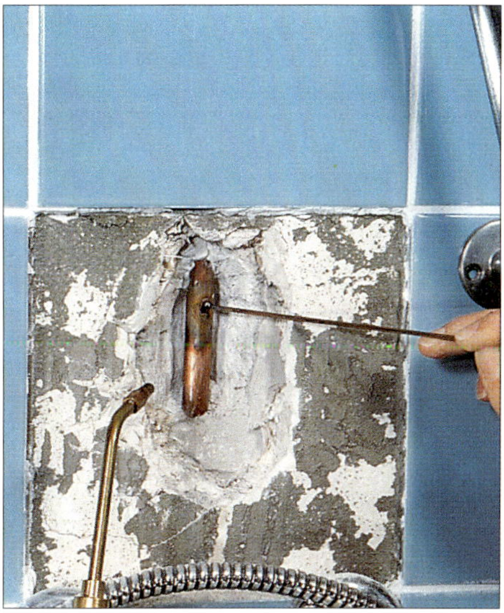

Mit Lötbrenner *oder Lötlampe wird das Rohr erwärmt und das Leck unter Zugabe von Lot geschlossen. Tritt beim Erwärmen Wasserdampf aus, ist noch Restwasser in der Leitung.*

Nach dem Dichtigkeitstest *muß zunächst die völlige Trocknung der Wand abgewartet werden. Dann wird das Loch mit Gips verfüllt und der umgebenden Wand angeglichen.*

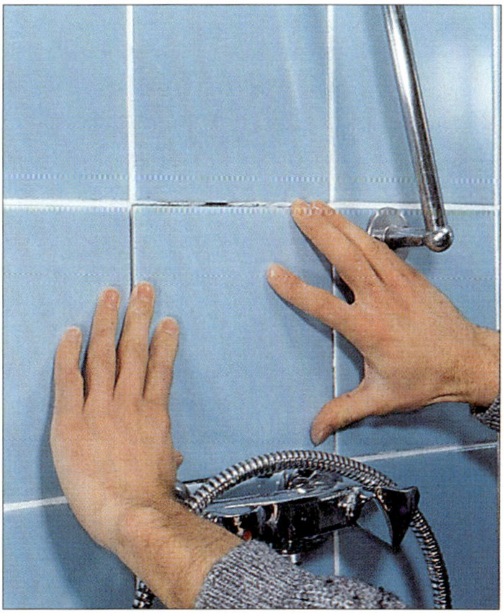

Eine neue Fliese *wird nach der Trockenzeit des Füllstoffes mit Kleber angesetzt und sauber verfugt. Anschließend erinnert nichts mehr an das kleine Malheur.*

Erste Hilfe *für angebohrte Rohrleitungen: Mit Gummiflicken und Schlauchschellen kann die schadhafte Stelle bis zur fachmännischen Reparatur provisorisch abgedichtet werden.*

Anschluß gesucht: einfach

Ohne große Änderungen an der bestehenden Leitung kann nachträglich ein Abzweig für die Waschmaschine in die Wasserversorgung eingefügt werden. Die komplette Montage einer Anbohrschelle nimmt kaum mehr als einen halbe Stunde Zeit in Anspruch.

Das nächstgelegene Absperrventil, in Flußrichtung vor dem Einbauort des Abzweigs, muß zunächst geschlossen werden.

In der Leitung stehendes Wasser wird am Entleerungsventil des Absperrventils oder an einer folgenden Entnahmestelle abgelassen.

die Leitung anzapfen

Das wäre ein guter Platz für die Waschmaschine, aber leider ist kein Wasseranschluß in der Nähe. Kein Problem, montieren Sie einfach eine Anbohrschelle.

Ist doch eine gute Lösung: Der ungenutzte Kellerraum oder die Abseite wird zum Hauswirtschaftsraum, hier findet die Waschmaschine ihren Platz. Nur dumm, wenn kein Wasserabzweig in der Nähe ist. Wer will schon viele Meter Zulaufschläuche legen, die unschön aussehen und zur Stolperfalle werden können. Läuft durch diese Räumlichkeiten eine auf Putz verlegte Wasserleitung, ist das Problem des Zulaufs schnell gelöst. Mit einer Anbohrschelle kann an beliebiger Stelle in der Leitung nachträglich ein Abzweig montiert werden. Gegenüber der konventionellen Vorgehensweise – Durchtrennen der Leitung, Rohrabschnitt herausschneiden und neuen Abzweig einlöten bzw. eindrehen – kann der neue Abzweig schnell und problemlos ohne größere Eingriffe in die Rohrleitung installiert werden.
Die Schellen sind so ausgelegt, daß sie an zugänglichen Leitungen mit üblichen Werkzeugen zu montieren sind. Benötigt werden ein Inbusschlüssel, ein Hammer und Körner sowie eine Bohrmaschine mit passendem Bohrer. Die Schellen sind zugelassen für den Betrieb an Kunststoff-, Kupfer- und Stahlrohren. Zur Verhinderung von Fließgeräuschen muß die Auslaßbohrung exakt auf den Rohr- und Abgangsdurchmesser abgestimmt sein. Nach Fertigstellung muß die Leitung gespült werden. Verbleibende Bohrspäne könnten anderenfalls Schäden an wasserführenden Leitungen und Armaturen verursachen.

Mit einer Stahlbürste wird die Montagestelle mechanisch von Farbrückständen und Korrosionspartikeln auf der Oberfläche befreit.

Beim Ansetzen der Anbohrschelle an die Leitung darauf achten, daß die Dichtung exakt unter dem Vorderteil der Schelle liegt.

Wechselseitig werden die beiden Inbusschrauben angezogen, vor dem Festsetzen die genaue Position kontrollieren.

Mit Anbohrschelle den neuen Abzweig erstellen

Mit Körner und Hammer *wird mittig in der Abgangsöffnung der Ansatzpunkt markiert, das verhindert Abrutschen des Bohrers.*

Die Öffnung *für den Auslaß wird gebohrt. Bei Stahlrohren erst mit kleinerem Bohrer vorbohren, dann mit der benötigten Größe.*

Zuverlässiger Schutz des Gewindes beim Bohren

Trotz Körnen des Bohrlochs und exakter Führung der Bohrmaschine beim Anbohren der Leitung kann es passieren, daß der HSS-Bohrer die Wandungen der Anbohrschelle berührt und sogar irreparabel beschädigt. Eine eingedrehte Reduziermuffe schützt das innenliegende Rohrgewinde. Haben Sie keine Reduziermuffe zur Hand, nehmen Sie die Schelle nach Setzen des Körnerpunkts zum Bohren kurzzeitig wieder ab.

Mit Hanf *und Dichtungspaste (z. B. Neo-Fermit) oder Teflonband wird das Zapfventil verpackt und anschließend eingedreht.*

Nach Einschrauben *des Zapfventils wird die Leitung wieder gefüllt und die Montagestelle auf Dichtigkeit geprüft.*

Mit diesen Werkzeugen

Alles zum Weichlöten: *ein Vlies zum Reinigen der Kupferrohrenden und Fittings, Lötfett, Fittingslot und als Wärmequelle das Brenngas aus wiederauffüllbaren Stahlflaschen oder Einwegkartuschen, wie sie aus dem Campingbereich bekannt sind.*

Für das Trennen von Rohren: *Sägen und Rohrschneider, Feile und Dreikant zum Entgraten. Der Ventilsitzfräser entfernt Ablagerungen.*

Alte Bekannte: *Rohr-, Pumpen-, Armaturen- und Kombizange. Mit der Standventilzange (vorn im Bild) werden Armaturen montiert.*

geht's an die Installationen.

Mit den richtigen Werkzeugen gelingen Installations- und Wartungsarbeiten in Haus und Wohnung. Eine Übersicht der gebräuchlichsten hilft bei der Auswahl.

Bei Installationen in Haus und Wohnung kommt überwiegend Kupferrohr zum Einsatz. Die Verbindung von Rohren und Formstücken, den Fittings, geschieht durch Hart- oder Weichlöten. Beim Hartlöten muß aufwendiges Gerät eingesetzt werden, für den Heimwerker empfiehlt sich Weichlöten. Die erforderlichen Geräte sind preiswert und leicht handhabbar.
In der Kupferrohrinstallation bewährt haben sich die Rohrschneider. Der kleine ist für die Anschlußröhrchen der Armaturen zuständig, der mittlere Rohrschneider trennt die in der Hausinstallation üblichen Nennweiten bis 22 mm. Beiden gemeinsam ist das perfekt rechtwinklige Ablängen des Rohrs, der entstehende Schneidgrat wird mit Feile oder Dreikant entfernt. Pumpenzange und Armaturenzange sind auf den ersten Blick kaum zu unterscheiden, in der Anwendung jedoch grundverschieden: Die Pumpenzange mit ihren gezahnten Backen greift an Verschraubungen und hilft auch, wenn der passende Schlüssel nicht parat ist. Die glatten Backen der Armaturenzange gehen schonend mit empfindlichen Oberflächen hochwertiger Armaturen um. Hanf und Neo-Fermit sind die klassischen Dichtmittel für Rohrgewinde, in der Handhabung einfacher ist Teflonband. Der elastische Montagekitt Plastic-Fermit dichtet Ablaufventile an Spülen und Waschtischen ein. Wie heißt es auf den Kassenbons einer großen Baumarktkette: Gutes Gelingen!

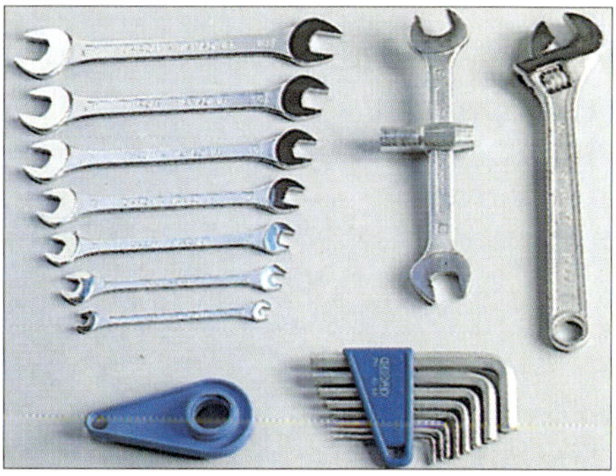

Neben gängigen Gabelschlüsseln empfehlen sich noch der Perlatorenschlüssel und kombinierter 17/19er für Waschtischmontagen.

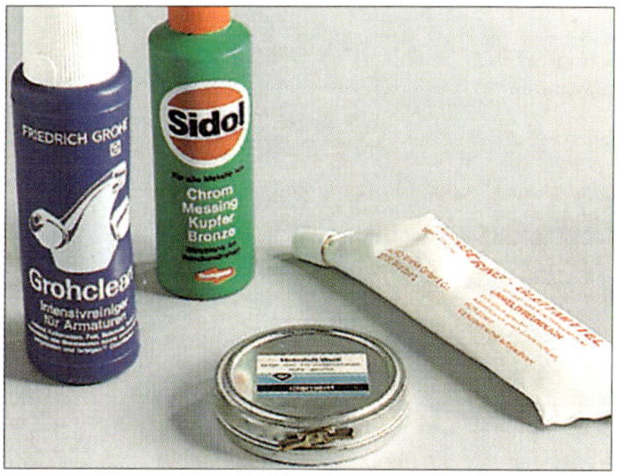

Pflegemittel lassen Armaturen glänzen, Hahnfett sorgt für „reibungslosen" Betrieb. Gleitmittel für das Zusammenfügen der HT-Rohre.

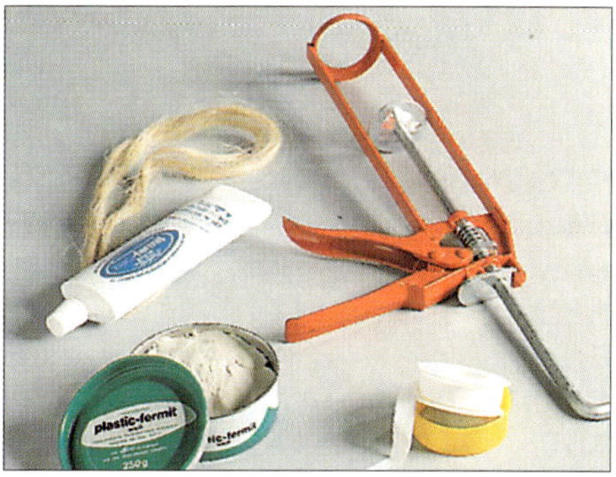

Alles dicht mit Hanf, Neo-Fermit, Plastic-Fermit und Teflonband. Sanitärfugen werden mit der Silikonspritze abgedichtet.

Stichwortregister

Fotografen: AEG, Seite 75–77; Ariadne Ahrens, Seite 94–96; C & D, Seite 36/37, 41–49; Peter Doering, Seite 100–103, 104–106; Helmut Hassenrück, Seite 8; Henkel AG, Seite 62–65; Marco Moog, Seite 30–34, 66–69, 78–81, 85, 88/89; Freddy Peterburs, Seite 90–92; Henning Retzlaff, Seite 35; Petra Stange, Seite 50–54, 56–61, 70–73, 83–84, 93, 98/99, 108/109; Studio 2000, Seite 6/7; Claus Busch, Seite 9; quick-mix, Seite 98; Karin Vogel-Berensmann, Seite 16–29, 86/87.
Zeichnungen: Harry Grieshaber, Seite 8/9; Hugo Lobeck, Seite 82; Siegfried Lochner, Seite 10–14, Marley-Werke, Seite 38–40; Tillmann Straszburger, Seite 58, 60, 67–69, 71–75.